일본인 PD가 본
위안부
문제

지워지지 않는,
기억

일본인 PD가 본
위안부
문제

지워지지 않는, 기억

나카지마 가제 지음
최세경 한국어 감수

일러두기

1. 이 책에 나오는 직함은 모두 취재 당시의 것이다.
2. 현장 취재의 인용은 원칙적으로 취재원의 발언을 그대로 옮겼다.
3. 일본 신문 기사의 인용은 원문의 표현을 그대로 옮겼다.
   (日韓併合→ 일한병합)
4. 일본 언설의 인용 시, 일본의 연호력은 그대로 옮기고 괄호 안에 서력을 표기하였다.
5. 일본 언설의 인용 시, 특별히 그 원문이 중요하다고 생각되는 경우는 참고로 괄호 안에 원문을 표기하였다. (부정적 역사(負の歷史))
6. 일제강점기 전보문의 인용에서는 그 특성을 고려하여 순화어가 아닌 원문의 표현을 옮겼다. (적의 처리)
7. 일본의 지명 및 인명은 국립국어원 외래어표기법을 따랐다.
8. 이 책에 실린 이미지는 저자가 직접 촬영한 것이다.

머리말

 어느 날 아침에 일어나 보니 그곳이 위안소였다면 어떤 기분일까? 위안부로서 수많은 병사들을 상대해야 하는 고문 같은 하루가 지금부터 시작된다면 얼마나 아득한 절망을 느낄까? 그곳에서 도망칠 수도 없고, 집에 돌아갈 수단도 없는 것이다. 그리고 그 지옥 같은 날들을 겪고 살아남은 뒤, 위안소를 본 적조차 없는 사람들로부터 "위안부는 매춘부였다." "자기 의지로 위안소에 간 것이다."라는 말을 듣는다면 얼마나 슬플까?

 나는 일본의 민영 방송국인 TBS텔레비전의 기자, PD로서 1990년부터 29년 동안 보도 활동에 종사해 왔다. 입사 이후의 경력을 돌이켜보면 절반은 사회부, 정치부, 외신부에서 보도 기자로서 활동했고, 나머지 절반은 보도, 시사 프로그램 PD로서 취재나 다큐멘터리 제작을 했다.
 29년간의 보도 활동 중에서 내가 가장 많은 시간을 할애해 온 일은 한국에 관한 보도이다. 일본보다 1년 일찍 실현한 국민의 사법참여제도, 전직 대통령의 자살, 국정농단 사건과 현직 대통령의 퇴진, 그리고 2018년 들어 실현된 문재인 대통령과 김정은 위원장의 남북 정상 회담 등 나에게는 한국만큼 취재할 주제가 넘치는 나라는 없다.
 그 중에서 한일 외교의 최대 현안인 위안부 문제는 가장 민감하고 어려운 주제이다.

다만 내가 위안부 문제를 비롯한 다양한 보도나 다큐멘터리 제작에서 무엇보다 우선하고 있는 원칙은 그렇게 복잡한 것이 아니다. 그것은 '가능한 한 직접 당사자의 목소리에 귀 기울이고 그것을 방송으로 알릴 것'이다.

나는 지금까지 한국과 대만에서 모두 11명의 위안부 피해자들을 취재했는데, 이들 취재 경험을 통해서 형성된 주장을 이 책에 적었다.

이 책은 위안부 문제에 대한 내용을 중심으로 쓴 것으로 당연히 위안부 및 위안소라는 말이 많이 나온다. 그러나 위안부라고 불린 여성들은 위안을 직업으로 삼은 사람들이 아니라 실제로는 일본군에 의한 성폭력 피해자이므로 본래는 위안부라는 말로 표현하는 것은 적당하지 않고, 위안소라는 말도 피해의 실태를 표현하는 말로는 적절하지 않다. 다만 위안부, 위안소라는 말을 쓰지 않고 이 문제에 대하여 논하는 것은 어렵기 때문에 일반적으로 잘 알려진 위안부, 위안소라는 말을 사용하기로 한다. 또한 '이른바'라는 의미로 본래는 작은 따옴표를 써서 '위안부' '위안소'라고 표기해야 하지만, 이 책에서는 문장을 간략화하기 위하여 작은 따옴표를 생략하고 그대로 위안부, 위안소라는 말을 사용하기로 한다.

글 속에 적힌 견해나 의견, 비판 등은 출전을 명시하고 있는 것을 제외하고 모두 나 개인의 것으로, 내가 소속된 TBS텔레비전을 대표하는 것은 아니다.

나카지마 가제(中島 風)

차례

머리말

1 피해 당사자를 제쳐놓고 맺은 한일 합의 ··· 12
"우리는 몰랐다"
박근혜 정부의 붕괴 — 일본에 없는 '성공 경험'
새 정부가 검토한 한일 합의 — 위안부TF
비공개 부분에서 일본이 요구한 것
한일 합의의 재검토는 가능한 것일까

2 환영(幻影)이 된 또 하나의 한일 합의 ··· 32
문전박대 사건
합의 직전까지 간 한일 양국

3 내가 만난 위안부 할머니들 ··· 44
박옥선 할머니
이옥선 할머니
강일출 할머니
"성의 있는 사죄를"

4 이상한 아사히신문 때리기 ··· 58
사라진 강제연행 가해자의 증언
강제연행은 없었다?
일본 사법이 인정한 강제연행
본질에 어긋난 일본 정부의 주장
위안부는 성노예일까

끊이지 않는 아사히신문 때리기
아베 정부도 유지한 고노 담화
일본 정부는 우리 기억에서 '위안부'를 말살하고 싶은가
일본은 정말 공식 사죄를 한 적이 없는가
아사히신문 때리기 그 후

5 위안부 문제와 관련 깊은 어느 일본 여성 ··· 98

'팔로업 사업'
"빨리 죽고 싶다"
우스키 씨와 할머니들과의 인연
'아시아여성기금'은 실패였을까
갑작스러운 '입국제재'
화가 나는 할머니
위안부 피해자의 묘들이 줄지어 있는 동산
즐거운 '집단 케어'
"몰라서 못 받았다"
'최악의 마무리' ― 해결을 위해서 무엇을 해야 하는가
병사들의 증언 ― 핫라인 '종군 위안부 110번'
만화가 미즈키 시게루의 증언

6 청구권 문제는 정말로 '완전히 그리고 최종적으로' 해결된 것인가 ··· 132

7 대만의 위안부 피해자 ··· 138

'모모코'라 불린 할머니
위안부 파견 인가를 요청하는 군문서
'하나의 중국'
받지 않은 '사과금'
노래를 좋아하는 롄화 아마

8 공백의 비석   … 166
   한국 취재를 시작한 계기
   일본이지만 일본이 아닌 오키나와
   '평화의 초석'과 조선인 전몰자들
   어느 역사가의 조사
   창씨개명
   조사를 중지한 오키나와현
   태평양전쟁희생자유족회
   재개된 조사
   10년 만에 찾아낸 '가네모토 다로'
   살아 있었던 전몰자
   오키나와 위안소의 조선인 위안부

9 유엔도 비판한 한일 합의   … 228

10 징용공 판결은 부당 판결인가   … 232

   끝말   … 240
   감사의 글   … 242
   편집 후기   … 244
   인용·참고 문헌   … 248
   찾아보기   … 256

1
피해 당사자를 제쳐놓고 맺은 한일 합의

"우리는 몰랐다"

서울에 있는 한국 외교부의 기자 회견장에는 일본과 한국의 국기가 각각 2개씩 번갈아 걸려 있었다. 그 앞에 선 기시다 후미오(岸田文雄) 일본 외무상과 윤병세 한국 외교부 장관은 엄청난 수의 카메라 플래쉬가 터지는 가운데 가볍게 악수를 하고 기자 회견장을 떠났다.

한일 정부는 양국 간의 최대 현안인 '위안부' 문제에 대해 타결하고 2015년 12월 28일 합의 내용을 발표했다. 합의 내용은 주로 다음과 같은 것이었다.

1. 아베 신조(安倍晋三) 내각 총리대신은 일본국 내각 총리대신으로서 다시 한번 위안부로서 많은 고통을 겪고 심신에 걸쳐 치유하기 어려운 상처를 입은 모든 분들에 대해 마음으로부터 사죄와 반성의 마음을 표명한다.
2. 한국 정부가 전(前) '위안부' 분들의 지원을 목적으로 하는 재단을 설립한다. 일본 정부는 이에 정부 예산으로 약 10억 엔(약 100억 원 상당)의 자금을 거출하고, 한일 양국 정부가 전(前) '위안부' 분들의 명예와 존

엄성의 회복 및 마음의 상처 치유를 위한 사업을 행하기로 한다.
3. '위안부'문제가 최종적 및 불가역적으로 해결될 것임을 확인한다.
4. 한일 양정부는 향후 유엔 등 국제사회에서 '위안부'문제에 대해 상호 비난·비판을 자제한다.
5. 한국 정부는 서울 일본 대사관 앞의 소녀상에 대해서 관련 단체와의 협의 등을 통해 적절히 해결되도록 노력한다.

한일 양국은 위와 같은 내용으로 합의했지만, 공식 합의 문서는 작성하지 않았다. 합의 발표 후 아베 총리는 박근혜 대통령과의 전화 회담을 통해 "다시 한번 마음으로부터 사죄와 반성의 마음을 표명한다."라고 전했다.

이 한일 합의에 대한 일본 언론들의 평가는 거의 다 호의적인 것이었다.

"양국 정부가 응어리를 넘어 부정적 역사(負の歷史)를 극복하기 위한 현명한 한 걸음을 내딛은 것을 환영하고 싶다."
— 아사히신문

"전후(戰後) 70년, 한일 국교정상화 50년이라는 해에 합의할 수 있던 것을 환영하고 싶다." "양국이 서로 지혜를 내어 합의에 이른 것은 획기적인 일이다."
— 마이니치신문

한편 보수 언론의 대표인 요미우리신문은 "정부의 자금 거출이 사실상의 국가 배상으로서 오해받지 않겠는가."라는 우려를 나타내며, "합의가 정체된 한일관계를 개선하는 계기가 될 수 있을지 지켜보고 싶다."라고 평가를 유보했다.

그럼, 한국 언론들의 평가는 어떤 것이었을까.

중앙일보는 "처음으로 위안부 문제가 일본 정부의 책임임이 공식 인정된 셈이다."라고 평가했다. 그리고 아베 총리가 '일본 내각 총리대신으로서' 사과한 것에 대해 "위안부 문제에 대한 일본 역대 어느 정권보다 한 발짝 나아간 사과가 아닐 수 없다. 그 점에서 아베 총리의 결단은 평가할 만하다."라고 꽤 긍정적인 평가를 매겼다.

조선일보는 "양국 정부가 각자 국내 부담을 감수하면서 접점을 찾은 것은 다행스러운 일이다."라고 평가하면서도, 일본이 법적 책임을 인정하지 않았던 점에서는 "한계가 분명하다."라고 비판했다.

한겨레는 다음과 같이 한일 합의를 강하게 비판했다.

"양국이 발표한 위안부 문제 협상 타결 결과는 할머니들의 가슴에 맺힌 한을 풀어 주기는커녕 커다란 돌덩어리를 하나 더 얹어 버렸다. (중략) 대통령은 고사하고 이 정부의 어느 누구도 사전에 할머니들을 만날 생각조차 하지 않았다. 위안부 문제를 해결한다면서 정작 피해자들은 철저히 배제해 버린 것이다."

한일 협상 과정에서 외교부는 일부 피해자와 접촉했으나, 합의의 주요 부분에 대해서 피해자의 이해를 얻지 못한 것이 사실이다. 피해 당사자의 대부분이 납득하지 못하는 합의로는 아무 의미도 없다. 피해자를 내버려둔 '미래지향의 관계'란 있을 수 없는 일이다.

합의 발표 다음날인 2015년 12월 29일 한국 외교부의 임성남 제1차관이 보고를 위해 서울 시내에 있는 위안부 할머니들을 방문했다.

이용수 할머니는 차관의 모습을 보자마자 분통을 터뜨렸다.

"당신 누구예요? 왜 우리를 두 번 죽이려 하는 거예요? (합의)하기 전에 먼저 피해자를 만나야 할 거 아니에요? (외교부는 일본과) 같이 짝짝꿍 돼 가지고 하는 거예요? 민족의 수난으로 이렇게 고통당하고 있는 우리를 왜 두 번 세 번 죽이려 하는 거예요?"

합의가 발표되고 약 한 달이 지난 2016년 1월 27일, 나는 일본을 방문한 이옥선 할머니와 강일출 할머니를 도쿄에서 만났다. 이옥선 할머니는 2015년 연말에 있었던 한일 합의에 대해 "우리는 몰랐었어. 그 사람들이 몰래 했던 것을 우리가 어떻게 알 수 있을까. 우리에게 알려 주면 이렇게 될 수가 없었다."라고 억울한 표정으로 말했다. 그 표정을 보면서 나는 한일 합의가 피해 당사자의 의사를 반영한 것이 아니었음을 깊이 실감했다.

한일 합의 후 2016년 1월 9일부터 10일까지 실시된 일본 TBS텔레비전의 전화 여론조사에 의하면 '한일 합의를 (긍정적으로)평가한다'고 대답한 사람이 45%, '(긍정적으로)

평가하지 않는다'라는 사람이 42%로 거의 반반이었다.

한편 같은 해 1월 5일부터 7일까지 한국갤럽이 실시한 여론조사에서는 한일 합의에 대해 '잘했다'고 평가한 사람은 26%에 불과한 반면, '잘 못했다'고 대답한 사람은 56%에 달했다. 합의에 대해 '잘 못했다'고 본 이유는 '위안부 할머니 의견 안 들음'(34%), '사과 불충분/불명확'(12%), '돈으로 해결하려 함'(9%) 등이었다.

물론 조사 방법이 다른 두 가지 여론조사를 단순하게 비교할 수는 없지만, 한일 합의에 대해서 한국 국민들이 더 부정적인 평가를 내린 것으로 볼 수 있다.

이 한일 합의에 의거해 2016년 7월 화해·치유재단(김태현 이사장)이 한국에 설립되었고, 이 재단에 일본은 정부 예산으로 10억 엔(약 100억 원)의 자금을 출자했다. 한국 정부가 인정한 위안부 피해자는 245명으로 이 중에서 한일 합의의 시점에서 생존해 있던 사람은 46명이었다. 화해·치유재단은 생존자에 대해 한 명당 1억 원을 지급하고 돌아가신 피해자의 유족들에게도 2000만 원을 지급하기로 했다. 위안부였던 여성들 중 실제로 그 돈을 받은 사람들은 그 시점에서의 생존자들의 약 72%에 해당되는 34명이었다.

34명의 위안부 피해자들이 돈을 받았다는 사실에 대해서는 다양한 의견들이 있을 것이다. 나는 예상보다 많은 사람이 돈을 받았다는 느낌이 들었다. 한일 합의는 피해 당사자의 의향을 충분히 반영하지 않았다는 점에서 근본적인 문제를 안고 있지만, 46명의 할머니들에게는 각각 사정이 있으며 생각도 다 같지는 않을 것이다. 돈을 받은 할머니들의 결정을 지원 단체를 포함한 제삼자가 부정하거나 비판할 수는 없다고 생각한다.

박근혜 정부의 붕괴 ─ 일본에 없는 '성공 경험'

일본 정부와 합의를 맺은 박근혜 정부는 2016년에 표면화된 국정농단 사건에 의해 국민들로부터 격렬한 비판을 받았다. 그에 앞서 2014년 4월 16일에 발생한 세월호 침몰 사고 대응도 당시 정권을 흔드는 큰 문제가 되었었지만, 리얼미터가 같은 달 28일에 발표한 조사를 보면 대통령 지지율은 57.9%로 아직 과반수 이상을 유지하고 있었다.

그러나 최순실 게이트가 표면화된 이후인 2016년 11월 첫째 주에는 지지율이 11.5%까지 하락했다. 박근혜 대통령에 대한 국민의 불신과 불만은 한계점에 도달해 있었다. 나는 2016년 11월 광화문광장에서 개최된 촛불시위를 직접 취재했었다. 그리고 광장에 모인 시민들의 수와 열기에 압도되었다.

한국의 상황에 대해 외국인 기자인 나에게 "부끄럽다"라는 솔직한 심정을 토로한 사람도 있었다. 플래카드에 쓰인 "이게 나라냐"라는 말이 한국 국민의 분노와 실망을 잘 표현하고 있었다. 그 시기, 어디에서 취재를 해도 정치나 사회의 변혁에 대해 높은 의식과 관심을 가지고 있는 국민이 많은 것에 감명을 받았다.

그때의 한국 시민들의 정치에 대한 높은 관심도는 불공평한 사회에 대한 분노와 대통령의 지인인 민간인에게 국정이 유린당했다는 절망감이 뒷받침된 것이었지만, 그것만으로는 사회에 그렇게까지 큰 물결이 일어난 이유를 설명할 수 없다. 바람직한 사회를 위해 변혁을 호소하는 한국 시민의 모습에 민주주의의 본질을 본 것 같은 생각이 들어 나는 한국 사회에 대해 부러움마저 가졌다.

일본에서도 국회나 총리 관저 앞에 시민들이 모여 국정에 항의하며 큰 소리로 외칠 때가 있다. 동일본 대지진 후의 원전 재가동이나 안전보장 관련 법안, 아베 총리의 사립학교 스캔들에 항의하며 수만 명의 사람들이 국회 주변에 모여 아베 총리 정권의 퇴진을 요구하는 시위를 몇 번이나 했다. 그러나 한국 시민들의 시위는 일본의 시위와는 비교도 안 될 정도로 규모가 크다. 한국인과 비교하면 일본인의 상당수는 아직도 시위 참가에 소극적이고 정치에 대한 열기도 낮다.

이러한 한일 시민의 의식 차이는 어디에서 오는 것일까?

한국에서는 이승만 대통령을 하와이 망명으로 이끈 1960년의 4·19 혁명, 전두환 정권 당시 대통령 직접 선거제 도입 등 민주화를 쟁취한 1987년의 6월 민주항쟁이 있었다. 모두 시민들이 군사독재에 대항해 개혁을 실현한 '성공 경험'이었다.

한편 일본에서는 1960년, 미일 신(新)안전보장 조약(이하 '안보 조약') 체결에 반대하는 격렬한 정치 투쟁이 있었다. 6월 10일 아이젠하워 미국 대통령 방일의 일정 협의를 위해 일본을 방문한 하가티 보도관의 차를 안보 조약 반대파가 둘러싸 미국 해병대가 헬기로 보도관을 구출하는 사건이 벌어졌다. 6월 15일에는 국회에 난입한 약 1000명의 시위대와 경찰기동대가 충돌해 시위에 참가한 도쿄대 학생인 간바 미치코(樺美智子)가 압사했다.

체포자는 175명에 달했고 부상당한 학생 406명이 병원으로 이송되었다. 간바 미치코의 죽음으로 격화된 시위대는 경찰 차량을 방화하는 등 폭도화되었다. 3일 후인 6월 18일에는 안보 조약 저지, 기시 정부 타도를 외치며 약 33만 명의 시민이 국회에 모였다. 아베 총리의 외할아버지인 기시 노부스케(岸信介) 총리는 혼란을 일으킨 책임을 지고 사임했지만, 결국 미일 안보 조약은 성립되었다.

그리고 10년 후 '안보 투쟁'은 다시 불붙었다. 미일 안보 조약은 1970년에 연장하는 날을 맞이하게 되었는데, 이를 앞두고 조약 연장에 반대하는 운동이 대학교를 중심으로 격화되었다. 이른바 '70년 안보 투쟁'이다. 그러나 반대파의 학생이나 좌파 조직끼리의 대립이 격렬해져 안보 투쟁은 점차 국민의 지지를 잃어 갔다. 그리고 결국 반대파는 조약 연장을 저지하는 데 실패했다.

다만 안보 투쟁의 좌절은 '국민 대 정부'라는 구도만으로는 파악할 수 없는 부분이 있다. 안보 투쟁의 와중에 행해진 1969년의 중의원 총선거에서 사토 에이사쿠(佐藤榮作) 총리가 이끄는 여당 자민당은 총의석수 486석 중 288석을 확보해 압승했다. 안보 조약에 반대해 온 야당 제1당인 사회당은 이 선거에서 50석 이상의 의석을 잃고 총 91석에 머무르며 참패했다.

일본의 시민 투쟁의 상대는 한국처럼 군사독재 정권이 아니었다. 그 대상은 선거로 정당하게 구성된 국회에서 수반지명(首班指名)을 받은 총리이며, 그 총리가 조직한 내각이었다. 그리고 여당의 압승이라는 중의원 총선거 결과가 말해 주듯이 안보 투쟁의 좌절은 정권과의 투쟁에 있어서의 패배임과 동시에 유권자, 즉 국민에게 진 결과라고도 할 수 있다.

어쨌든 일본에서는 시위에 참가한 시민들의 요구대로 조약이 파기되거나 중요 법안이 폐안이 되는 일은 극히 드물다. 일본인들의 기억에는 시위로 요구를 관철한 '성공 경험'이 없는 것이다. 나는 바로 이 '시위로 세상을 바꿀 수 없다'는 일본인의 체념이 '시위로 세상을 바꿀 수 있다'고 생각하는 한국인과의 큰 차이를 낳고 있다고 생각한다.

새 정부가 검토한 한일 합의 — 위안부TF

2017년 3월 10일, 박근혜 대통령이 헌법재판소에서 탄핵이 성립해 파면되고 그로부터 60일 후인 5월에 대통령 선거를 하게 되었다. 대통령 선거에 있어서 '대일 정책'의 주목도는 낮아 쟁점이라고 말할 수 없을 정도였다. 일본군 위안부 문제에 대해서도 논의는 거의 없었지만, 한일 합의에 대해서는 문재인 후보나 자유한국당의 홍준표 후보를 포함해 5명의 후보 모두 '합의 파기' '무효' '재협상' 등을 주장했다.

한국 대통령 선거 개표날인 2017년 5월 9일 밤, 새로운 대통령이 선출되는 순간의 현장을 취재하기 위해 나는 서울 광화문광장에 있었다. 각 방송국이 광장에 설치한 거대한 모니터에는 시시각각 바뀌는 개표결과가 표시되어, 광장은 대규모 이벤트장과 같은 모습을 보이고 있었다. 이미 문재인 후보의 당선이 유력한 상황인 것을 다들 알고 있었지만, 투표가 끝난 오후 8시에 출구조사의 결과가 화면에 나오고 문재인 후보의 압도적인 우세를 알게 된 순간, 광장에 모여 있던 수만 명의 시민들이 큰 환호성을 질렀다. 광장에 모인 사람들의 얼굴은 '이제 새로운 시대가 시작된다' '이 나라를 다시 세우자'라는 희망과 흥분으로 가득차 있었다. 그 광경은 마치 축제와 같았다. 나는 그때까지 계속해서 박근혜 대통령의 퇴진을 요구하는 시민들의 촛불시위를 취재해 왔지만 대통령 선거 투표일에 그 마무리 세레머니를 봤다는 생각이 들었다.

　이렇게 출범한 문재인 정부는 국민과의 의사소통을 절망적이라 할 정도로 못하여 '불통'이라고 불린 박근혜 전 대통령과는 대조적이었다. 정권 출범 직후에 홍보 수석 비서관의 명칭을 '국민 소통 수석비서관'으로 변경한 것 역시 박근혜 정부와의 차이를 국민에게 보여 주려고 하는 의사표명이었다고 할 수 있다.

　2018년 1월 10일에 열린 문재인 대통령의 신년 기자 회견에는 외신을 포함해 250명의 기자가 참석했다. 손을 든 기자들 중 문 대통령과 시선이 마주친 기자를 문 대통령이 지명해 질문을 받는다는 새로운 형식으로 진행되었다. 당시 나는 유감스럽게도 참석하지 못했지만, 일본에서 뉴스 영상으로 본 그 기자 회견은 긴장과 웃음 속에 진행되었다. 어떤 질문이라도 여유 있는 표정으로 대답하는 문 대통령의 모습에 '넓은 도량' 같은 느낌을 받았다. 국민이나 언론과의 대화를 피해 온 박근혜 정부에서는 상상도 못 했던 일이다.

문재인 정부는 그 출발점이 박근혜 정부에 대한 부정이었다고 해도 과언은 아니다. 그것은 위안부 문제에서도 예외는 아니었다. 문재인 정부는 2017년 7월 외교부 장관 직속의 '한·일 일본군 위안부 피해자 문제 합의 검토 태스크 포스'(이하 '위안부TF')를 설치해 박근혜 정부가 맺은 한일 합의에 대해 검토하였고, 2017년 12월 27일 그 결과를 발표했다. 합의가 된 지 2년 후 새 정권이 실시한 이 검토에 의해서 일본과의 협상 과정이 밝혀졌다.

TF의 검토 결과 보고서에 따르면 박근혜 대통령은 한일 국교정상화 50주년에 해당되는 2015년 연내에 일본과 위안부 문제를 타결하는 것에 강한 의욕을 보이고 있었다. 한일 당국자는 2015년 12월 23일 제8회 협의에서 최종 타결하고, 그 5일 후인 28일에 한일 양국 외교부 장관이 기자 회견을 통해 합의를 발표했다.

협상 과정에서 한국 쪽은 일본 정부로부터 '법적' 책임이라는 말을 이끌어낼 수 없었다. 1965년 한일 국교 수립 시에 체결된 '한일 청구권 및 경제협력 협정'에서는 일본이 한국에 대해 3억 달러를 무상 공여하고 2억 달러를 장기 저금리로 대출하는 경제협력을 실시하기로 합의됐고, 양국 간의 청구권에 관한 문제가 '완전히 그리고 최종적으로 해결된 것이 된다는 것을 확인한다'고 명시되었다. 한일의 청구권 문제는 이 1965년의 청구권 협정으로 이미 해결됐다는 것이 일본 정부의 일관된 주장이다. 2015년 한일 합의의 협상 과정에서 일본 쪽으로부터 '법적' 책임이라는 말을 이끌어내지 못한 한국 쪽은 이를 보완하기 위해 일본 정부에 의한 피해자 방문 등의 조치를 요구했지만, 이것도 합의에 포함시키지 못했다.

피해자 방문을 거부한 일본 쪽의 자세는 이해하기가 어렵다. 아베 총리는 한일 합의 발표 직후 박근혜 대통령과의 전화 회담에서 "일본 총리로서 다시 한번 '위안부'로서 수많은 고통을 겪어 심신에 치유하기 어려운 상처를 입으신 모든 분들에 대해 진심으로 사과와 반성의 마음을 표명한다."라고 말했다. 그러나 진심으로 '사과와 반성의 마음'을 가지고 있다면 정부 고관이 자발적으로 피해 당사자에게 가서 직접 그 마음을 전해야 한다. 대부분의 피해자들은 돈의 액수의 크고 작음보다 일본 정부의 성의를 원하고 있다. 일본 정부는 그것을 이해하지 못하고 있는 것 같다.

한일 합의는 '위안부 문제가 최종적이고 불가역적으로 해결될 것임을 확인한다'고 했다. 내가 의외였던 것은 이 '불가역적'이라는 표현이 한국 쪽에서 먼저 나온 말이었다는 점이다. 합의 발표 당시에 이 표현을 들었을 때 나는 직감적으로 일본 정부가 제안한 말이라고 생각했다. 그만큼 '불가역적'이라는 표현에는 '이제 정말로 끝내자'라고 못을 박으려는 의도가 엿보인다는 의미이다. 1965년에 맺은 한일 청구권 협정에는 양국의 청구권 문제가 '완전히 그리고 최종적으로 해결된 것이 된다는 것을 확인한다'고 명시되어 있다. 그럼에도 불구하고 위안부 문제가 아직도 해결되지 않은 것에 대한 일본 정부의 불만이 '불가역적'이라는 말에 담겨 있는 것 같은 느낌이 든 것이다.

그러나 위안부TF 보고서에 따르면, 이 '불가역적'이라는 표현은 2015년 1월 도쿄에서 열린 제6차 한일 국장급 협의에서 한국 쪽이 먼저 사용한 표현이었다. 한국 쪽은 일본 총리의 공식 사죄에 대해 '불가역성'을 담보하기 위해 '각의 결정'을 거친 총리 사죄 표명을 요구했던 것이다. 각의 결정은 법안이나 예산안, 조약안의 국회 제출 등 국정에 관한 중요 사항에 대해서 내각 총리대신과 모든 각료들이 동의하여 일본 정부로서의 의사나 방침을 공식적으로 결정하는 수속이다.

일본 쪽은 각의 결정을 거친 총리 사죄 표명 요구에는 응하지 않았고, 반대로 한국 쪽에 대해 '불가역적 해결'을 한일 합의에 포함시킬 것을 요구했다. 원래 한국 쪽이 요구한 것은 일본 총리에 의한 불가역적인 공식 사죄였는데, 도중에 일본 쪽이 주장하는 불가역적인 해결, 즉 '이것으로 다 해결되었다'는 의미로 바뀌어 버린 것이다. 한국 외교부는 '불가역적'이라는 표현으로 인해 국내적으로 반발이 예상되므로 삭제가 필요하다는 검토의견을 청와대에 전달하였다. 그러나 청와대는 '불가역적'이라고 하는 말의 효과는 책임 통감 및 사죄 표명을 한 일본 쪽에도 적용할 수 있다는 이유로 받아들이지 않았다고 한다.

비공개 부분에서 일본이 요구한 것

한편 위안부TF 보고서에 따르면 한일 합의에는 '비공개 부분'이 존재하였다. 이 비공개 부분에서 일본 쪽은 제삼국에 있어서 위안부와 관련된 소녀상이나 비(碑)의 설치에 대해 "제(諸) 외국에서 각 민족이 평화와 조화 속에서 공생하는 것을 희망하고 있는 가운데 적절하지 않다."라고 주장하며, 한국 정부에 대해 앞으로 '성노예'라는 단어를 사용하지 말도록 요구했다.

이런 요구에 대해 한국 쪽은 "제삼국의 석비(石碑)와 상(像) 설치 문제는 한국 정부가 관여하는 것은 아니지만, 이러한 움직임을 지원함 없이 향후 한일관계가 건전하게 발전할 수 있도록 노력하겠다."라고 대답했다.

그런데 소녀상을 각지에 설치하는 것이 '각 민족이 평화와 조화 속에서 공생을 희망하고 있는 가운데 적절하지 않다'고 말할 수 있을까? 오히려 일본 정부야말로 돌아가신 위안부 피해자를 추도하고, 전시성폭력을 기억에 오래 남기기 위해 피해자들의 출신지에 자발적으로 추도비를 설치해야 되는 것은 아닐까?

협상 과정에서 일본 정부는 앞으로 '성노예'라는 단어를 사용하지 않도록 한국 정부에 요구했다. 이 요구에 대해 한국 쪽은 "이 문제의 공식 명칭은 「일본군 위안부 피해자 문제」뿐임을 재차 확인함."이라고 응답했다. 여기에서 한국 쪽은 어디까지나 위안부 문제의 공식 명칭을 확인했을 뿐이며 '성노예'라는 단어를 어떤 경우에도 쓰지 않겠다고 약속한 것이 아니다.

그런데 '성노예'라는 단어를 사용하지 말라는 일본 쪽의 요구는 과연 타당한 것일까? 일본 정부가 1993년의 〈고노 요헤이(河野洋平) 관방 장관 담화〉를 통해 "위안소에서의 생활은 강제적인 상황하의 참혹한 것이었다."라고 인정한 것과 모순되지는 않는가? 일본에는 '위안부'에 성노예라는 개념을 적용하기를 부정하는 사람들이 정부에도, 언론에도

1 피해 당사자를 제쳐놓고 맺은 한일 합의　**25**

존재한다. 위안부를 성노예라고 표현하는 것의 타당성에 대해서는 뒤에서 다시 기술하기로 한다.

2014년에 위안부 문제로 한일 국장급 회담 개시를 결정한 뒤 한국 외교부는 전국의 피해자 및 지원 단체 등을 만났다. 위안부TF의 검토 보고서에 따르면 외교부는 2015년 한 해에만 모두 15차례 이상 피해자 및 관련 단체와 접촉했다.

외교부는 협상 과정에서 피해자 쪽에 때때로 관련 내용을 설명했지만, '최종적 불가역적 해결'인 점 등에 대해서 구체적으로 알려 주지 않았다. 돈의 액수에 관해서도 피해자의 의견을 수렴하지 않았다고 한다.

한일 합의에 대하여 검토를 실시한 위안부TF는 "협의 과정에서 피해자들의 의견을 충분히 수렴하지 않은 채, 정부 입장을 위주로 합의를 매듭지었다. 이번의 경우처럼 피해자들이 수용하지 않는 한 정부 사이에 위안부 문제의 '최종적·불가역적 해결'을 선언하였더라도, 문제는 재연될 수밖에 없다."라는 결론을 내렸다.

이 검토 결과를 전한 다음날 일본의 각 신문에는 '재연(再燃)은 불가피'라는 표제가 두드러지게 나타나, 일본에서는 마치 한국 정부가 위안부 문제를 재연시키려 하고 있는 듯한 인상을 받은 사람도 많았을 것이다.

그러나 2018년 1월 9일 강경화 외교부 장관은 일본 정부에 대해 재협상을 요구하지 않는 방침을 표명했다. 그러면서 한편으로 강경화 장관은 "피해 당사자인 할머니들의 의사를 제대로 반영하지 않은 2015년 합의는 진정한 문제 해결이 될 수 없다."라고 말했다. 그리고 "일본이 스스로 국제 보편 기준에 따라 진실을 있는 그대로 인정하고 피해자들의 명예·존엄 회복과 마음의 상처 치유를 위한 노력을 계속해 줄 것을 기대한다. 피해자 할머니들께서 한결같이 바라시는 것은 자발적이고 진정한 사과다."라고 말하며 일본에 사죄 등 새로운 조치를 요구했다.

그 다음날 문재인 대통령의 신년 기자 회견이 열렸다. 문재인 대통령은 한일 합의에 대하여 "(합의는) 상대가 있는 일이고, 외교적인 문제이고, 또 이미 앞의 정부에서 양국 간에 공식적인 합의를 했던 일이기 때문에 우리가 충분히 만족할 수 없다 하더라도 현실적으로 최선인 방법을 찾아내야 된다. 한일 양국 간에 공식적인 합의를 한 사실은 부인할 수 없다."라고 말했다.

그러면서도 문 대통령은 "잘못된 매듭은 풀어야 한다."라고 밝히며 "일본이 진실을 인정하고 피해자 할머니들에 대해서 진심을 다해서 사죄하고 그것을 교훈으로 삼으면서 다시는 그런 일이 일어나지 않도록 국제사회와 함께 노력해 나갈 때, 할머니들도 일본을 용서할 수 있을 것이다."라고 말했다. 두 국가 간에 성립한 국제 약속과 국민 정서의 사이에서 양쪽에 대한 배려가 엿보이는 표현이었다.

위안부 지원 단체들이 "일본 정부가 재단에 거출한 10억 엔을 일본에 반환하라."라고 목소리를 높이는 가운데, 2018년 1월 9일 강경화 외교부 장관은 10억 엔을 한국 정부의 예산으로 충당하는 방침을 표명했었다. 그러나 그 후 정현백 여성가족부 장관은 화해·치유재단 자체를 2018년 중으로 해산할 뜻을 밝히게 되는데, 사실 화해·치유재단은 이미 2017년 12월 김태현 이사장과 8명의 이사들 중 5명이 사임한 상태였다. 한국 정부가 국가 예산으로 10억 엔을 충당해도 사업을 실시하는 주체가 없어져 버리는 것이다. 한일 합의 중 화해·치유재단을 통해서 '전(前) 위안부 분들의 명예와 존엄성의 회복 및 마음의 상처 치유를 위한 사업을 행하기로 한다'고 한 부분은 사실상 불가능하게 되었다.

그리고 한국 정부는 2018년 11월 21일 화해·치유재단의 해산을 공식 결정했다. 진선미 여성가족부 장관(당시)은 "피해자 중심주의 원칙 아래 재단의 해산을 결정했다."라고 밝혔다. 또한 여성가족부는 위안부 피해자 34명과 유가족 58명에게 지급하고 남은 약 57억 8천만 원의 자금에 대해서 향후 합리적인 처리 방법을 검토하겠다고 했다. 재단 해체 결정 발표가 있은 후, 아베 총리는 기자들 앞에서 "국제 약속이 지켜지지 않게 되면 국가 간 관계가 성립하지 않게 된다."라고 한국 정부를 비판했지만, 발언은 짧았고 격한 비난은 없었다. 이에 한국 외교부는 "피해자의 의견을 제대로 반영하지 않은 2015년 위안부 합의는 일본군 위안부 피해자 문제의 진정한 해결이 될 수 없으나, 합의가 한일 간 공식 합의라는 점을 감안해 이를 파기하거나 재협상을 요구하지는 않겠다는 입장에 변화는 없다."라고 서면으로 발표했다. 중요한 사안임에도 불구하고 기자 회견을 하지 않았던 것은 일본을 자극하지 않기 위해서였을 것이다.

화해·치유재단은 중도 해산하게 되었지만, 지금까지 생존자의 약 7할에 대해서 각각 1억 원씩 지급하고 유족 58명에 대해서도 2천만 원씩 지급했다. 재단의 목적의 절반

이상을 달성했다고 해도 좋을 것이다.

　국제 약속을 한쪽 당사국의 사정만으로 쉽게 파기해서는 안된다는 것은 외교적 상식이며 이러한 외교적인 상식은 한국 정부도 충분히 인식하고 있을 것이다. 화해·치유재단을 중도에서 해산하지만 한일 합의를 파기하지 않겠다는 모순된 태도를 취하는 것은, 피해자의 존엄성 회복이라는 정의나 그것을 원하는 국내 여론과 대일본 외교 사이에서 오도 가도 못 하게 된 문재인 정권의 모습을 보여 주는 듯하다.

한일 합의의 재검토는 가능한 것일까

　두 국가 간의 공식적 합의나 약속을 '정권이 바뀌었다'든가 '국민의 동의를 얻을 수 없었다'는 이유로 재검토하는 것은 역시 외교상 어려운 일일 것이다. 예를 들어 일본의 아베 정부가 퇴진한 후 다음 정부가 '그 합의는 전 정부가 한 것이라서' '잘못된 합의였으니까'라는 이유로 공식적인 합의를 간단하게 파기한다면 국제적으로 허용될 수 있을까. 만약에 그런 이유로 합의를 파기한다면 앞으로 두 국가 간에 체결되는 합의는 그저 가벼운 약속이 되어 버려, 국제적인 합의를 맺는 일 자체의 의미가 희박해지는 것이 아닐까.

　그러나 나는 이러한 생각을 평론가이자 전 일본 외무성 국제정보국장인 마고사키 우케루(孫崎享) 씨의 의견을 접하고 바꾸게 되었다.

마고사키 씨는 국제적 약속에는 3가지의 형식이 있다고 말한다.

첫째, 조약
    국회의 비준을 필요로 하는 것.
둘째, 행정적 레벨로의 합의서
    외교부 장관 등이 서명한 것. 행정 기관끼리의 합의이며, 국가의 승인을 얻지 아니하여 국가 간의 합의라고까지는 말할 수 없는 것.
셋째, 서명이 없는 합의

마고사키 씨는 서양에서는 '구두 약속'과 '서명한 약속'은 법적 효력에 큰 차이가 있다고 지적한다. 첫째 조약과 둘째 행정적 레벨로의 합의서의 구속 기간은 기본적으로 행정 기관의 존속 기간에 한정된다. 만약 새로운 정권에 준수를 요구하려면 새로운 정권과 새로운 약속을 하는 것 이외에는 방법이 없다고 한다.

트럼프 미국 대통령은 정권 발족 직후인 2017년 1월 20일 TPP(환태평양 경제 동반자 협정)로부터의 탈퇴를 표명했다. 영국은 2016년 6월의 국민투표를 거쳐 EU로부터 이탈할 방침을 결정했다. 마고사키 씨는 이 두 가지 예를 들어 다음과 같이 설명하였다.

"이러한 민주주의 국가 간의 합의 준수 실정을 보면 새로운 정권이 발족된 후에 국민의 관심이 높은 문제에 대해 새 정권이 방침을 바꾸는 것은 이상한 것이 아니라 오히려 충분히 있을 수 있는 일이다. 특히 한일 합의는 조약도 아니고 외무부 장관 간에 문서로 서명을 한 것도 아니다. 새 정권이 이 합의로부터 이탈하는 것은 충분히 있을 수 있는 일이다."

두 국가 간의 합의를 한쪽 당사국의 정권 교체 후에 재검토하는 것은 있을 수 없는 일이 아닌 것이다. 다만 한국 정부도 한일 합의의 재협상을 요구하고 있는 것이 아니다. 일본 정부는 한일 합의 자체를 파기하거나 내용 변경을 할 수 없더라도 피해자에 대한 총리의 직접적 사과 등 자발적인 추가 조치를 스스로 검토해야 하는 것이 아닐까. 뒤에서 쓰겠지만, 위안부 문제에 관해 일본은 한일 합의 후에도 국제적인 비난을 계속 받고 있다. 국제사회는 2015년 한일 합의로 위안부 문제가 최종적이고 불가역적인 해결이 되었다고는 결코 생각하고 있지 않다. 일본이 '위안부 문제는 전부 해결되었다'고 하는 태도를 보이면 보일수록 국제사회에 있어서 일본의 고립은 더 심해질 뿐이다.

그리고 2015년 한일 합의의 3년 전, 한일 양 정부가 타결 직전까지 도달한 '환영(幻影)이 된 또 하나의 합의'가 존재했다.

2
환영(幻影)이 된
또 하나의
한일 합의

문전박대 사건

"큰일났어요"

내가 북한에서 귀국하자마자 근무처인 TBS텔레비전 외신부 기자가 말했다. 그날은 2012년 8월 25일이었다. 나는 평양의 아이들과 재일 조선인 아이들의 교류 행사를 취재하기 위해 8월 21일부터 북한에 있었다. 당시에 내가 숙박한 평양 시내의 호텔에서는 인터넷을 사용할 수 없었고, 객실 내에 있는 텔레비전도 조선중앙방송밖에 안 나오기 때문에 나는 일본 뉴스를 전혀 볼 수 없었던 것이다.

도쿄 아카사카의 TBS본사에서 뉴스 영상을 본 나는 아연실색했다. 주일본 한국 대사관의 참사관이 일본 외무성을 방문하려다가 청사 출입을 거부당한 것이다. 도대체 무슨 일이 일어난 것일까?

발단은 8월 10일, 이명박 당시 대통령이 독도(일본식 명칭 '다케시마')를 방문한 것이었다. 한국 대통령이 독도를 방문하는 것은 처음이었다. 일본 정부는 항의 의사를 표시하기 위해 무토 마사토시(武藤正敏) 주한 대사를 즉시 일시 귀국시켰다.

또 당시 노다 요시히코(野田佳彦) 총리(민주당)는 이명박 대통령에게 '유감의 뜻'을 전하는 친서를 보냈다. 그러나 주일 한국 대사관은 노다 총리의 친서 수령을 거부하고 일본 외무성에 친서를 되돌려주기 위해 청사에 갔던 것이다. 하지만 일본 외무성은 친서를 가지고 방문한 김기홍 참사관이 청사에 들어오는 것조차 거부했던 것이다. 외신부 기자가 말한 '큰일'이란 이런 이상 사태를 가리키는 말이었다.

2012년 8월 23일 저녁의 TBS 뉴스 〈N스타〉는 다음과 같이 보도했다.

"한일관계가 더 악화되는 것은 불가피합니다. 한국 정부는 방금 전에 다케시마 문제를 둘러싸고 노다 총리가 이명박 대통령에게 보낸 친서를 되돌려주기 위해 일본 외무성을 방문했습니다. 그러나 일본 측은 수령하기를 거부하고 (한국의 외교관을) '문전박대'하는 사태가 벌어졌습니다."

총리가 대통령에게 보낸 친서를 돌려보내는 것과 우호국의 외교관을 외무성이 문전박대하는 것 중에 외교 관례상 무엇이 더 무례한 행위인지는 모르겠다. 다만 한일관계가 최악 수준까지 떨어졌다는 것은 확실한 것이었다.

대립의 불씨는 그뿐만이 아니었다. 이명박 대통령은 독도를 방문하고 4일 후인 8월 14일, 충청북도에 있는 한국교원대학교의 강연에서 천황에 대해 다음과 같이 말했다.

"한국에 방문하고 싶으면 독립운동 하다가 돌아가신 그, 거 찾아가서 진심으로 사과를 하면 좋겠다. 와 가지고 또 몇 달 단어는 뭐 쓸까? '정념'의 뭐가 어쩌고 찾아와 가지고 그 단어나 쓰려고 그러면 올 필요도 없다."

식민지 지배에 대해 천황의 사죄를 요구하는 주장은 특이한 것이라고는 할 수 없으며 그 주장 자체에 큰 문제가 있다고는 생각하지 않는다. 그러나 현직 대통령의 이 발언은 일본의 정치권과 언론들을 강하게 자극했다. 8월 24일, 중의원 본회의에서는 이명박 대통령의 다케시마 상륙에 대한 항의와 천황에 관한 발언의 철회 요구를 포함한 결의안이 채택되었다. 일본공산당과 사회민주당은 채택에 반대했다. 그 내용의 일부를 소개한다.

"이번 8월 10일에 이명박 한국 대통령이 다케시마에 상륙했다. 일본은 이것을 강하게 비난하고, 동시에 다케시마의 불법 점거를 한국이 일각이라도 빨리 정지할 것을 강하게 요구한다. 더욱이 8월 14일, 이명박 한국 대통령은 천황 폐하의 한국 방문에 대해 지극히 부적절한 발언을 했다. 우호국의 국가 원수가 천황 폐하에 대해 하는 발언으로서 지극히 무례한 발언이며, 결코 용인할 수 없는 것이므로 발언의 철회를 요구한다."

그러나 이와 같이 외교 관계가 최악의 상황에 빠져드는 와중에도 일본의 민주당 정권은 일본군 위안부 문제의 해결을 위해 한국 정부와 물밑에서 계속 협상을 하고 있었다.

합의 직전까지 간 한일 양국

민주당의 노다 정권에서 관방 부장관을 맡았던 사이토 쓰요시(齋藤勁) 씨에 의하면 노다 요시히코 총리와 이명박 대통령과의 관계가 악화된 것은 2011년 12월 '한일 셔틀 외교'의 일환으로 이명박 대통령이 교토를 방문했을 때였다.

12월 18일에 교토 영빈관에서 개최된 한일 정상 회담에서 이명박 대통령은 일본군 위안부 문제의 해결에 대해 일본 측의 대처를 요구했다. 이에 대해 노다 총리는 서울의 일본 대사관 앞에 있는 소녀상의 철거를 요구했다. 정상 회담에 동석한 사이토 쓰요시 씨는 그때의 상황에 대해 이렇게 말했다.

"2011년 12월에 있은 교토 영빈관에서의 회담 때는 한일 당국자가 서로 매우 신경을 썼습니다. 회담 전날에도 '내일은 이렇게 하면 될까'라고 하면서 노다 총리의 발언 내용을 (주일본)한국 대사관 분들과 함께 점검하고 있었어요. 이명박 대통령이 위안부 문제로 이렇게 말하면 우리 쪽은 이렇게 말하자고 그런 이야기를 하고 있었어요. 하지만 회담 당일 이명박 씨가 위안부의 이야기를 하자 노다 총리가 예정하고 있었던 말을 다 빼고 먼저 소녀상 철거의 이야기를 시작해 버렸던 거예요. 다짜고짜였죠. 시비조의 말에 대해 시비조의 말로 대답한 것은 아니겠지만, 이 대통령은 다른 의제가 날아가 버릴 정도로 계속 위안부 문제에 대해서만 말했어요. 이 일로 회담이 묘한 분위기가 되어, 관계가 이상하게 되었습니다."

이때의 에피소드는 이명박 전 대통령의 회고록 〈대통령의 시간〉(2016년)에도 쓰여 있다. 이 책에 따르면 교토 영빈관에서 이 전 대통령은 먼저 노다 총리를 향해 다음과 같이 말했다고 한다.

"지금 살아계신 종군 위안부 피해 할머니들의 평균연령이 86세입니다. 금년(2011년)에도 열여섯 분의 할머니들이 돌아가셨습니다. 이 문제가 해결되지 않으면 몇 년 후에는 남은 예순세 분의 할머니들이 한을 품고 모두 돌아가시게 될 것입니다. (중략) 그때 가면 이 문제를 해결하려 해도 할 방법이 없습니다. 그것은 양국 관계에 큰 부담으로 남게 될 겁니다. 기회는 지금밖에 없습니다. 총리께서 실무적인 발상을 버리고 보다 큰 정치적 차원에서 결단을 내려주시기 바랍니다."

이명박 전 대통령은 재임 중에 거액의 뇌물을 받았다는 죄 등으로 기소되어 2018년 10월 5일 제1심에서 징역 15년 벌금 130억 원, 2020년 2월 19일 제2심에서 징역 17년 벌금 130억 원의 유죄 판결을 받았다. 대통령으로서의 실적에 대해서도 여러 가지 평가가 있겠지만, 적어도 노다 총리에게 위안부 문제 해결을 위한 일본 정부의 결단을 재촉한 이 발언은 극히 정당한 것이었다고 생각한다.
그러나 사이토 쓰요시 씨의 증언대로 노다 총리는 다음과 같이 응했다.

"위안부 문제와 관련한 일본의 법적인 입장에 대해서는

잘 아실 것입니다. 저는 대통령께서 마음 아파하시는 이 주제에 대해 앞으로 인도적인 견지에서 지혜를 낼 수 있도록 하겠습니다. 이 안건과 관련하여 지난 14일 주한 일본 대사관 앞에 위안부 비(碑)가 건립됐습니다. 실무적 차원에서 우리 생각을 전달한 바 있습니다. 다시 한번 대통령께 그 비의 철거를 요청하겠습니다."

이명박 대통령이 '보다 큰 정치적 차원에서의 결단'을 요구한 것에 대해 노다 총리는 소녀상의 철거를 요청했던 것이다. 이런 식으로는 해결을 위한 대화가 이루어질 리가 만무하다.

서울의 일본 대사관 앞에 소녀상이 설치된 것은 교토 회담의 직전인 12월 14일의 일이었다. 일본 정부는 한국 내의 대일 감정의 악화를 심각하게 우려하고 있었다. 동시에 국제사회가 일본을 나치스·독일과 동일시하는 것을 두려워하고 있었다.

그런데 만약 일본 대사관 앞의 소녀상을 강제철거하려고 하면 당연히 위안부 관련 단체 등이 격렬하게 저항할 것이고, 그 영상이 텔레비전으로 한국 전국에 방송된다면 대일 감정이 오히려 더 악화될 수밖에 없을 것이다. 그 뉴스는 국제사회에도 확산되어 '일본은 가해의 역사를 부정하는 나라'라는 평가가 고정화되는 것이 아닐까.

노다 총리가 소녀상의 철거를 요구했던 것에 대해 이명박 대통령은 회고록에서 "노다 자신의 의견이라기보다는 누가 써 준 것을 읽은 듯한 느낌이었다."라고 회상했다.

이명박 대통령은 노다 총리에게 다음과 같이 대답했다고

한다.

"일본 대사관 앞 동상 철거에 대해 말씀하셨는데, 일본 정부가 조금만 관심을 뒀으면 이런 일이 안 일어났을 겁니다. 이 문제에 대해 일본 정부가 성의를 보이지 않으면 서울의 동상에 이어 할머니들이 돌아가실 때마다 제2, 제3의 동상이 계속 생겨날 것입니다."

회고록을 보면 이명박 전 대통령은 이날의 정상 회담에서 의제로서 상정되어 있던 경제와 안전보장 협력에 관한 이야기는 그만두고, 노다 총리가 무엇을 이야기해도 위안부 문제에 대해서만 계속 이야기했다고 한다. 이것도 사이토 쓰요시 씨의 증언과 일치한다.

교토에서의 정상 회담은 관계를 악화시키기만 하고 실패로 끝났다. 한일관계의 악화에 심각한 위기감을 가진 일본 외무성은 다음해 2012년 3월, 사사에 겐이치로(佐佐江賢一郎) 사무차관이 위안부 문제의 해결 방안을 가지고 한국을 방문하기에 이른다. 이어서 4월에 사이토 쓰요시 관방 부장관도 한국으로 갔다. 일본 측이 제시한 방안은 첫째, 총리의 사과와 둘째, 정부 예산에 의한 피해자에 대한 지불이었다. 일본 정부는 이 방안으로 문제를 해결하려고 했다.

그러나 한국 측은 이 제안을 받아들이지 않았고 협상은 벽에 부딪혔다. 사이토 관방 부장관은 노다 총리의 친서를 가지고 청와대를 방문했지만 이명박 대통령과의 면회조차 할 수 없었다.

정체되어 있던 협상이 다시 움직이기 시작한 것은, 2012

년 8월에 이명박 대통령이 독도를 방문해 한일관계가 최악의 상태에 빠진 후였다. 10월 이 대통령의 특사인 이동관 씨가 "다시 한번 이야기하고 싶다."라며 도쿄를 방문하여 사이토 쓰요시 관방 부장관과 회담을 했다. 그리고 한일 양국의 협상 당사자는 다음과 같은 합의안을 정리했다.

1. 주한 일본 대사가 피해자를 만나 노다 총리의 사죄의 말을 전한다.
2. 일본은 정부 예산에서 피해자에게 돈을 지불한다.

피해자에게 지불하는 돈의 명목이 '배상금'인지 '보상금' 인지 그것도 아니면 '지원금'인지는 아주 중요한 문제이다. 피해자들이나 지원 단체는 어디까지나 가해자인 일본 정부에 의한 '배상'을 요구하고 있다. 일본이 제삼자적인 입장에서 내는 '지원금'이나 '위문금'이라면 대부분 피해자들이 그 돈을 받지 않을 상황이 생길 수도 있었다. 이 점에 대해 사이토 쓰요시 씨는 이렇게 말하고 있다.

"(돈의 명목에 대해)여러 가지 말이 있었지만, 그 명목을 무엇으로 할지에 대해서는 그다지 의논을 하지 않았습니다. 그것보다 노다 정부가 한국 국민에게 메시지로써 무엇을 이야기할지에 대해 저희는 상당히 많이 몇 번이고 의논을 했었습니다."

어쨌든 한일 양국은 합의 성립 일보 직전까지 도달해 있었다. 실무적인 작업은 거의 다 끝나고, 남은 것은 양국 정상에 의한 정식 합의뿐이었다. 그리고 드디어 2012년 11월에 캄보디아에서 개최되는 ASEAN(동남아시아 국가연합) 회의를 이용해 한일 양정상이 현지에서 회담을 하고 위안부 문제에 대해 정식 합의를 하기로 되었다.

그러나, 노다 총리는 캄보디아 방문 4일 전인 11월 14일 당시 야당이었던 자민당 아베 신조 총재와 국회에서 논전을 벌인 끝에 다음과 같이 단언했다.

"16일에 해산하겠습니다. 합시다."

노다 총리는 갑자기 중의원의 해산을 선언했던 것이다. 일본 국회는 중의원과 참의원의 2원제로, 중의원은 4년의 임기 도중에 해산할 수 있다. 일본국헌법에서는 중의원의 해산은 천황이 '내각의 조언과 승인에 의하여' 한다고 쓰여 있지만, 이것은 어디까지나 형식에 지나지 않고 실제로는 해산은 내각 총리가 결정하는 것이다.

노다 총리는 정권의 중요 과제인 '사회보장과 세제의 일체 개혁'관련법이 자민당 등 야당의 협력을 얻어 성립만 하면 '머지않은 시기'에 중의원을 해산하겠다고 야당들과 약속했다. 그리고 그 법률이 성립된 지 이미 3개월 이상이 지나고 있었다.

이렇게 중의원 해산에 의해 위안부 문제의 해결을 목표로 하는 한일의 물밑 합의는 무산되어 버렸다. 해산을 선언하는 노다 총리의 갑작스런 발언을 총리의 바로 뒷자리에서 듣고 있었던 당시의 관방 부장관 사이토 쓰요시 씨는 아연실색했다고 한다.

"적어도 연말까지 시간이 있었다면……"

사이토 씨는 그렇게 안타까워했다.

중의원이 해산된 경우, 일본국헌법의 규정에 따라 40일 이내에 중의원 의원의 총선거를 해야 한다. 2012년 12월 16일에 거행된 중의원 의원 선거에서 당시 야당이었던 자민당은 과반수(233석)를 크게 넘는 296석을 획득해 대승리를 거두고 제1당으로 복귀했다. 이로써 민주당 노다 요시히코 총리는 야당으로 전락하고 자민당의 아베 신조 씨가 두 번째 총리 취임을 하게 되었다.

2012년의 한일 합의는 이렇게 일본 국내 정치 사정에 의해 환상으로 끝나 버렸다. 다만 그때의 협상도 어디까지나 수면 아래에서 진행된 것이고 당사자인 위안부 피해자의 의견을 직접 수렴해서 결정한 것이 아니었다. 당사자들을 빼고 맺은 합의라면 2015년의 한일 합의처럼 할머니들이 반발할 가능성도 있었지 않았을까. 이 점에 대해 사이토 씨에게 물어봤다.

—— 2015년의 한일 합의에서는 피해자들의 의견을 제대로 수렴하지 않았던 것에 대해 할머니들이 몹시 화냈지 않았습니까. 2012년 당시 합의할 수 있었다고 쳐도 역시 할머니들에게서 같은 반응이 나오지 않았을까요?

"나왔겠지요. 그야. 다만 (2012년 때는) 총리의 말을 (주한 일본)대사가 할머니들한테 직접 전달하는 것이 대전제였어요. 그것이 최우선이었습니다. 그 점이 이번(2015년)의 아베 정권이 맺은 합의와의 차이죠. 대사가 일본의 국가로서 일본 국민에 대한 책임을 가지고 어떤 말로 사과 말씀을 드려야 될지 그것을 최우선으로 생각했어요. 분노라든지 여러 (반응이)나왔을지도 모르겠지만, 무엇을 소중히 해야 할지 저희는 잊지 않았다고 생각하고 있습니다."

3

내가 만난 위안부 할머니들

서울에서 남동쪽으로 한 시간 반가량 차를 타고 우리는 경기도 광주시 퇴촌면의 한가로운 자연 속에 있는 나눔의 집을 방문했다. 2015년 9월의 일이었다. 일본 언론이라서 취재 허가를 받는 것이 쉽지 않을 것이라고 생각했는데, 운영 스태프들이 모두 친절하게 우리의 취재를 받아들여 주었다. 덕분에 우리는 나눔의 집에서 일본군 위안부로서 피해를 당한 세 명의 여성들에게 이야기를 들을 수 있었다.

박옥선 할머니

그날 처음 이야기를 해 주신 분은 박옥선 할머니였다. 1924년 경상도 밀양 출생으로 취재 당시 91세였지만 우리와의 인터뷰에서 뚜렷한 어조로 말씀하셨다. 그리고 놀랐던 것은 일본인인 우리에 대한 아주 우호적이고 다정한 태도였다.

—— 일본에서 많은 사람들이 온다고 하던데 기분이 어떠십니까?

"일본 손님 오면 맨날 좋아서 내가 들어오라 놀러 오라

하고 그래서 일본인 오게 되면 우리 집 들어오라고, 반갑습니다. 오게 되면 여기 왔다가라 난 맨날 그러지. 일본 분들이 다 무사한가… 난 항상 그걸 해요. 자주 왔다가라 나는 그런 사람이에요. '미나상 오겡키하는가(여러분 잘 지내시는가)' 라는 말 전해 달라 난 맨날 그래요. 미나상 오겡키인가 내가 말하더라 난 그런 사람이에요."

—— 일본 정부한테 배상이나 사죄를 원하시지 않으세요?
"예. 그런 일을 좀 원합니다. 일본이 우리를 데려갔을 때 우리가 아무것도 모르고 할 때 우리가 일본한테 고생을 많이 했습니다."

그 후에도 박옥선 할머니께 일본 정부에 대해 무엇을 요구하는지 몇 번이나 물어봤지만, 박옥선 할머니는 온화한 표정으로 너무나 작은 요구를 겸손하게 말할 뿐이었다.

"우리가 고향으로 가 보겠으니까 집으로 갈 때 차비를 줬으면 얼마나 좋겠는지… 그런 생각이 있습니다. 딴 생각이 없습니다. 일본 사람이 나쁘다거나 그런 건 몰라요. 우리는 어릴 때 (고향에서)나와서 다 부모도 죽고 고향에 가 봤으면 좋겠는데 아직 못 갑니다. 우리에게 차비라도 줬으면 좋겠습니다. 이걸 요구합니다. 일본 사람한테."

박옥선 할머니가 18살 때, 어떤 친구가 "중국의 공장이 사람을 많이 모집하고 있다더라. 재봉 공장으로 가자."라고 권했다고 한다. 아마 그 친구도 누군가에게 속았을 것이다. 같은 연령대의 소녀들 스무 명과 함께 현지에 도착하니 그

곳은 중국 헤이룽장성(黑龍江省) 무링(穆棱) 부근의 위안소였다.

박옥선 할머니는 그 후 4년 동안 위안부로서 피해를 당하다가 군부대가 폭격을 받아 산속을 헤매던 중에 해방의 날을 맞이했다. 할머니는 해방 후 이듬해 조선 출신 남자와 결혼해서 중국 헤이룽장성에 거주하다가 2001년 한국으로 영주 귀국했다.

일본 때문에 상상을 초월한 고난을 겪은 박옥선 할머니는 일본에서 온 우리에 대해 끝까지 원망의 말을 하지 않았다.

"우리는 젊을 때 죽은 사람도 많고, 근데 그걸 다 이렇게 해치워서 산 사람들끼리 왔다갔다하면 좋소. 난 그런 생각이 있어."

점심 시간이 되어 인터뷰를 끝내기로 했다. 박옥선 할머니는 슬리퍼를 신고 방에서 나와 복도를 걸어가면서 "일본 사람이 와 주는 건 기뻐요."라고 또다시 말하고 웃으며 우리에게 손을 흔들고 식당으로 갔다. 나는 그저 오로지 머리가 숙여지는 그런 심정이었다.

이옥선 할머니

우리는 이어 이옥선 할머니의 방을 찾아갔다. 이옥선 할머니는 1927년 부산의 '호스이초'(현재 부산광역시 중구 보수동)에서 태어났다. 집이 가난하여 학교를 다닐 수 없었던 이옥선 할머니는 울산의 여관에서 일하고 있었다. 그리고 1942년 7월 29일, 날짜까지 정확히 기억하신다는 15살의 그날, 일하던 집의 심부름을 하러 나왔던 길에서 일본인과 조선인 남자 두 명에게 끌려가 중국에서 3년 동안 위안부로서 피해를 당했다. 위안소에서는 '도미코'라는 이름으로 불렸다.

"우리 하루 날에 시간이 몇 시간이야? 24시간이지. 24시간인데 15살 딸을 세워 놓고 40명 내지 50명을 상대로 하라는 거야."

그 위안소에 있었던 위안부는 대부분 조선 사람이었는데 일본 사람도 한 명 있었다고 한다. 이옥선 할머니 말씀으로는 조선인 위안부와 일본인 위안부를 대하는 대우에 차이가 있었다고 한다.

일본인 위안부는 대부분이 원래 직업으로서 매춘부를 하고 있었던 사람들이었다. 그리고 일본인 위안부의 연령은 21세 이상이었다. 이것은 당시 일본이 가맹한 '부인·아동의 매매 금지에 관한 국제조약'에 따라 미성년자에게 매춘을 시키는 것이 금지되어 있었기 때문이다.

내지(内地 일본-인용자주)에서의 위안부 모집에 대해 일본의 내무성 경보국은 1938년 2월 '추업(醜業)을 목적으로 하는 부녀자의 도항은 현재 내지에서 창기 그 외 사실상 추업에 종사하는 자'로 '21세 이상'이어야 하며 도항을 위해 '존속친'의 승낙을 받아야 한다는 통지를 냈다. 그러나 한반도의 경우 그러한 제한들이 적용되지 않아 아무것도 모르는 수많은 10대 소녀들이 위안부 징발의 표적이 되었다.

경성(현재의 서울)에서 요리점을 경영하고 있던 조선인 부부가 일본군 헌병사령부로부터 위안부 모집 일을 타진받고 20명의 조선인 여성에게 권유한 사례가 있다. 여성들의 진술에 의하면 모집 시의 연령은 17세가 1명, 18세가 3명, 19세가 7명, 20세가 1명, 23세 이상이 8명이었다. 모집된 조선인 여성 20명 중 12명이 21세 미만으로, 1938년에 내무성 경보국이 통달한 '21세 이상'이라는 조건이 적용되지 않았다. 또 피해 여성들의 진술에 따르면, 모집 시에 해외로 가서 어떤 일을 하는지에 대해 정확한 정보를 알려 주지 않았다. 예를 들면 부상병에게 붕대를 감아 주는 것 같은 일이라고 오인시켰던 것이다.

이옥선 할머니는 일본인 위안부와 조선인 위안부의 차이에 대해 다음과 같이 말한다.

"일본 사람이 하나 있었는데 조선 사람하고 일본 사람하고 쪽을 놓는 거야. 우리는 잘 못 먹어도 그 여자(일본인 위안부)는 우리를 관리한 주인하고 같이 한상에서 밥먹을 수 있고. 잠도 옆방에 가서 잘 수 있고, 군인들 접대 안 해도 (주인은)말도 안 하고. 그러니까 다른 분들이에요. 조선 사람하고 일본 사람하고는 달랐어. (조선인 위안부는)맨날 욕하고, 때리고, 꼬잡고, 무섭잖아. 이렇게 통을 만들어 놓고 조선말을 하기만 하면 거기다 벌금을 넣는 거야. 우리가 무슨 돈이 있어서 벌금을 내겠어. 사람을 계급을 낸 거야. 그러니까 얼마나 힘들게 했는가 봐. 일본 사람이 1등,

새하얀 밥먹고. 조선 사람은 2등, 반찬도 없어. 그리고 중국 사람이 3등인데 그 사람들은 우리보다 더 못 먹었어."

할머니는 팔과 다리에 난 상처를 보여 주면서 말해 주었다. 다리에 남은 상처는 위안소에서 도망가려다가 잡혔을 때에 당한 것이라고 한다.

"이게 칼 맞은 거였다."
—— 누가 그랬어요?
"군인이 그랬지. 요거 요렇게 하니까 내가 너무 분하잖아. 그러니까 난 이 집에 못 살겠다고 도망간다 그래. 도망갔는데 멀리 못 가고 조금 갔다가 곧 붙잡혀서 왔어. 오면 그때 맞아 죽지. 그런데 마침 오니까 헌병이 왔어. 일본 헌병은 사람을 죽이고 살리고 하는 권리가 있는 거여. 헌병이 나를 때려 놓고 내가 도망가는 원인을 말하라는 거야. 나는 '원인은 그런 게 없다. 배 고프고 춥고, 우리가 어떻게 여기서 사는가. 신발도 없이 발도 벗고 댕기고 이렇게 하니까 나는 집으로 가야 된다'고 했다. '왜 길을 가는 사람을 끌어다가 이런 데다 고통스럽게 하는가' 이렇게 했더니 '가스나 건방지다. 다리를 잘라 버려야 도망 못 한다'고……"

이옥선 할머니는 일부 일본의 언설에 피해 여성들이 자발적으로 위안부가 됐다는 말이 있는 것에 대하여 강하게 분개하고 있었다.

"우리가 일본 사람한테 끌려가서 고통당하고 왔는데, 왜 거짓말을 하겠는가. 거짓말이 없다. 우리의 다리로 (스스로)일하러 나갔다고 하는데 그렇다면 우리가 어떻게 일본에게 배상하라고 하는 거야. 할머니들이 나이 어려서 끌려갔고 고통 많이 하고. 위안소가 어떤 데라고. 거기 좋은 데 같으면 끌려가서 자살해 죽겠니?"

할머니는 중국 옌지(延吉 연길)의 위안소에서 1945년 8월 15일 해방을 맞이했다. 그러나 위안소의 관리인이나 일본군 병사들은 위안부들을 그곳에 내버려둔 채 자기들만 돌아가 버렸다고 한다.

"저네가 우리를 거기서 강제로 끌어갔다. 강제로 끌어갔으면 우리가 해방된 거 모르고 있는데 그러면 관리한 사람이 '해방돼서 우리는 고향 간다. 너네도 같이 가자'고 해서 우리를 데리고 나와야지. 위안부 할머니들을 전방에 다 갖다 버리고 그 사람들은 저 안에 밤에 가만히 내려왔지."

이옥선 할머니는 1995년의 '여성을 위한 아시아평화국민기금'(이하 '아시아여성기금')에 대해서도 말했다. 아시아여성기금은 무라야마 도미이치(村山富市) 정부가 설립한 재단 법인으로, 위안부 피해자들에게 '국민적인 보상사업'을 하기 위한 자금을 민간의 모금에 의해 조달한 것이다.

"그 사람들이 (1965년의)한일 협정 때 할머니들의 문제를 해결했다고. 해결하고 민간 기금에서 돈을 줬대. 민간

기금이라는 거는 (일본)정부에서 주는 돈이 아니야. (일본의) 대중들한테 돈을 조금 걷어갖고 할머니들의 입을 돈으로 막으라고 그 돈을 조금씩 줬지. 한일 협정 때 문제를 해결했다고 하는데 본인이 모르는 거 어떻게 누구하고 해결했는가?"

여기에서도 역시 2015년의 한일 합의처럼 '당사자를 뺀 합의'의 구조가 보인다. 그러나 이옥선 할머니는 모든 일본 사람들을 비난하는 것이 아니었다.

"일본인이라 해도 사람들이 다 나쁜 게 아니야. 사람 나쁘지 않아. 사람이 안 나쁘지만 정부가 나쁘잖아. 정부 탓이지. 그래서 우리는 개인들 보고 사죄를 하라는 게 아니라 (일본)정부에 대해서 사죄하라고 하는 거야. 일본에서 개별적으로 사죄하러 오는 거는 우리가 고맙지. 근데 그건 해결이 되는가? 아니 안 된다. (일본 정부가)사죄도 하지 말고 배상도 하지 말고 나를 15살 때 저 순결만 만들어 놔라. 그러면 이의 없다."

이옥선 할머니는 중국에 끌려가 58년이 지난 2000년에 한국으로 돌아왔다. 할머니가 끌려가 사라진 후 할머니의 어머니는 여기저기 딸을 수소문하고 찾아다녔지만, 중국으로 끌려가 버린 딸을 찾아낼 방도가 없어 결국 가족들은 이옥선 할머니의 사망 신고를 했다고 한다. 이옥선 할머니가 귀국했을 때는 부모님도 식구들도 모두 다 돌아가신 후였다. 할머니는 "나눔의 집이 없었으면 나는 살아갈 방법이 없어서 죽었다."고 말했다.

나는 할머니가 한 다음 말을 잊을 수가 없다.

"위안부로서 간 사람들이 많이 죽었는데 그 사람들이 실제 정말 죽어서 눈을 감고 있는 게 아니라 일본이 언제 사죄를 하겠는가, 사죄를 할 때를 눈을 감고 가만히 누워 있는 거야."

강일출 할머니

우리는 다음으로 강일출 할머니를 만났다. 복도에 나와 있던 강일출 할머니는 우리를 보자마자 이렇게 말했다.

"사죄를 해야지. 인터뷰해 가면 뭐하나? 사죄를 하지 않고 우리 죽을 때까지 기다리나? 저거, 그, 우리 보고 증인만 하라고 그러고."

그러고 나서 강일출 할머니는 우리를 방으로 불러 차분히 이야기를 해 줬다. 할머니는 우선 머리에 남은 상처를 우리에게 보여 줬다.

"이거 봐. 맞아서 그래. 이거, 일본 사람한테 끌고갔을 때. 잡아서 때렸지. 지금도 머리가 아프다."

강일출 할머니는 1928년 경상도 상주에서 태어났다. 16

세 때 순경이 집에 와서 할머니를 끌어갔는데, 할머니는 자신이 위안부가 된 사실을 중국 지린(吉林 길림)에 도착한 날에야 알았다고 한다.

───지린의 위안소에는 위안부는 몇 명 있었어요?
"우리 위안소가 한 40명 될까. 그렇게 큰 데라서."
───모두 조선 사람이었어요?
"응."
───위안소에서는 어떤 일이 있었습니까?
"어떤 일이라니…우리가 말을 잘 안 듣고 맞고 울고 맞고 또 때려 맞지 뭐."
───일본의 군인들은 어땠어요?
"어때서 뭐 좋게 갔나. 밖에서 차거나 자기들 전부 마음대로지. 그 사람들이 기분이 없으면 때렸어. 화장실에도 배가 아파도 빨리 해야지 안 그러면 또 때려 맞아. 일본 국민은 좋은데 일본의 군대들은 너무 나쁘다고 그래. 그 사람들은 자유가 있고 우리는 자유가 없고, 우리는 이래라저래라 말 들어야 안 들으면 또 때려 맞아."
───위안부분들한테 착하게 대해 주거나 동정해 주는 군인은 한 사람도 없었어요?
"그렇게 해 주지 않았지 뭐. 우리가 무서워서 덜덜 떠는 거야."

강일출 할머니는 해방 후에 중국인민해방군의 간호사가 되었고 지린시의 병원에서 근무했다. 그리고 2000년, 거의 60년 만에 한국으로 귀국했다. 그때는 부모도 가족들도 다 세상을 떠난 후였다. 강일출 할머니는 눈물을 닦으면서 일본어를 섞어 우리에게 말해 줬다.

"다 나쿠낫테(돌아가셔서). 오토상 오카상 아리마센(아버지도 어머니도 다 없었어요). 내가 스엣코(막내)거든."

부모님은 강일출 할머니가 없어졌을 때 울며불며 난리가 났었다고 한다. 강일출 할머니가 중국에서 결혼한 중국인 남편은 이미 세상을 떠났다. 강일출 할머니는 남편과의 사이에서 태어난 아이들과 함께 한국으로 돌아왔다. 아들은 한국에서 식당을 하고 있다고 한다. 강일출 할머니는 일본 정부에 대해 사죄와 배상을 강하게 요구하고 있지만, 일본인 전체에 대해서는 결코 분통을 터뜨리지는 않았다.

"한국 국민하고 일본 국민이 지금 악심들이 다 있어. 우리나라를 침략했었잖아. 그래도 이 문제에 대해서 자꾸 우리가 당한 거만 말하면 안되는 거야. 좋게 말해야 되는 거야. 일본의 윗대 부모들이 잘못했지 이 사람들(젊은 일본인들)은 잘못한 거 없어."

나는 이런 할머니의 말에 '이성적인 노여움'을 느꼈다.

―― 일본에서는 극히 일부 사람들이 위안부는 돈을 위해 했다든가 거짓말을 한다든가 그렇게 말하는데, 그런 말에 대해 어떻게 생각하세요?
"그런 사람들은 자기네 나라를 불바다로 쓸어넣는 거

같애. 우리는 당했어도 그래도 일본하고 좋게 지내자고. 다 얼굴이나 얼굴이나 한국 사람하고 일본 사람 같잖아. 그랬는데 왜 일본 사람끼리 저렇게 자기네 나라를 불바다로 만들어 놓고 또 이렇게 하는가. 일본과 한국은 옛날처럼 사이좋게 지내야 돼. 우리를 이렇게 개처럼 끌고갔어도 우리가 사람 같으면 서로 양해하고 손을 맞잡아야 되는 거야. 그래야지 일본이 일어나고 한국이 일어나는 거야."

강일출 할머니는 인터뷰 중 한국과 일본은 서로 손을 맞잡고 사이좋게 지내야 한다고 몇 번이나 강조했다. 우리가 나눔의 집을 방문한 2015년 9월 20일 시점에서 한국 정부가 인정한 전 위안부는 238명이었고, 그 중 생존자는 47명이었다. 물론 이 인원수는 어디까지나 전쟁터에서 살아 돌아와 자신이 성폭력 피해자였던 것을 고백할 수 있었던 피해자의 수에 불과하고, 실제로는 이보다 훨씬 많을 것이다.

"성의 있는 사죄를"

할머니들은 한국에 돌아온 후에도 고난에 찬 삶을 보내왔다. 나눔의 집의 안신권 소장은 여성의 순결을 중시해 온 한국의 문화 또한 할머니들을 괴롭혀 왔다고 말했다.

"할머니들은 전쟁에 끌려가서 자기 의사하고는 무관하게 위안소라는 공간에 갇혀서 집단적인 강간을 당했던 성폭력 피해자잖아요. 하지만 한국은 정서적으로 성차별적인 국가

였기 때문에 피해자임에도 불구하고 순결을 지키지 못했다는 그런 죄책감이 컸어요. 할머니들의 이야기를 들어 보면 그렇게 자기 의사하고 무관하게 끌려가서 순결을 잃게 돼서 스스로 여자인 것을 포기했다 그런 안타까움이 크거든요. 그런 것을 일본 국민들이 알아주시면 좋겠어요. 위안부였던 일을 공표하는 걸 거절하는 분들이 계시는 것도 사회적인 편견이 남아 있기 때문입니다. 한국이 양성평등 시대가 됐다고 해도 여태도 그런 안 보이는 차별이 있는 겁니다."

안신권 소장의 이야기는 아주 명쾌하고 설득력이 있었다.

"할머니들이 대부분 거의 결혼을 못해서 혼자 사시는 분이 많았는데, 마지막 소원이 이제 피해자로서 가해자인 일본으로부터 공식 사죄를 받는 것입니다. 그게 명예 회복이 될 겁니다. 일본의 일부 정치인들이나 인사들이 피해자라고 표현하는 것보다는 '매춘부'라고 표현하니까 내가 명예 회복 못하면은 죽고 나면 나는 영원히 '매춘부'로 낙인찍힐 것이다. 그게 가장 두려운 거거든요."

할머니들이 요구하고 있는 것은 돈이 아니라 일본 정부의 성의있는 사죄라고 한다.

"할머니들이 돈을 바라는 게 아니거든요. 할머니들이 (한국)정부로부터 받던 후원금을 모아서 다 사회 환원했어요. 김정분 할머니(1930~2008) 같은 경우는 당시 모은 돈 2억을 다 사회 환원해서 불우청소년을 위한 장학금으로써 나눴고. 네팔 대지진 때도 우리 할머니들이 500만 원을 거둬서 기부를 했고. 그런 마음이 있습니다. 돈 욕심 그런 것보다는 지금은 죽기 전에 일본 정부가 공식 사죄를 하는 것이 마지막 소원이다, 그런 마음으로 하루 하루를 사시는 거 같아요."

그리고 다음의 안신권 소장의 말은 위안부 문제를 생각하는 데 있어서 중요한 시점을 제시하고 있었다.

"이 문제를 국가 간 문제로서 보지 말고 여성의 인권 문제로 보고 다르게 생각해야 될 것 같아요."

한 명의 사람으로서 상상해 보자. 만약 자신이나 자신의 가족이 자기 뜻에 반해 위안소에서 일하게 되었다면 그 심정은 어떨까? 위안부 문제의 본질은 성폭력이라는 중대한 인권 침해로부터 피해자를 구제하는 방법을 찾는 것이다. 두 나라가 정치적으로 대립하는 와중에서 우리는 그것을 못 보게 된 것이 아닐까.

위안부 문제의 해결이란, 가해자의 성의 있는 태도에 피해 당사자가 납득하여 그 인권과 존엄성이 회복되는 것이다. 위안부 피해자의 평균 연령은 90세를 넘었으며, 생존자는 2020년 8월 30일 시점에서 16명밖에 남지 않았다. 남은 시간이 너무 짧다.

4
이상한 아사히신문 때리기

사라진 강제연행 가해자의 증언

위안부 문제에 관한 일본 상황을 파악하는 데에 알아야 될 것이 아사히신문의 '오보' 문제이다. 2014년 여름, 일본의 진보적 언론을 대표하는 아사히신문이 거센 비판을 받았다. 그 이유는 요시다 세이지(吉田淸治 1913~2000)라는 인물에 관한 보도에 있었다.

요시다 세이지 씨는 1980년대 초부터 책이나 강연 등을 통해 '제주도에서 위안부 사냥을 했다'고 고백한 인물이다. 조선의 젊은 여성들을 위안부로 삼기 위해 강제연행한 것을 가해자 입장에서 증언한 유일한 증언자였다. 언론 인터뷰도 많이 했다. 요시다 씨는 1983년에 충청남도 천안시의 국립 망향의 동산에 사비로 사죄비를 세웠고, 1992년 8월에는 태평양전쟁희생자유족회가 서울에서 개최한 증언 집회에 참석하여 김학순 할머니에게 머리를 숙여 사죄했다.

아사히신문이 요시다 세이지 씨에 대해 처음으로 보도한 것은 1980년이었다. 1991년 5월 22일에는 오사카판에 '종군 위안부 가해자 측의 증언'이라는 기사를 게재했다. 요시다 세이지 씨가 조선인 징용을 목적으로 한 야마구치현 노무보국회(勞務報國會) 시모노세키지부의 동원부장으로 3년간 약 6000명의 조선인을 강제연행했다는 내용이었다. 요시다 씨는 기사에서 당시 어떻게 연행해 갔는지에 대해 다음과 같이 증언했다.

"경찰관의 호송 트럭을 5대에서 10대 준비하여 계획대로 마을을 포위한 뒤, 갑자기 젊은 여성을 다 도로에 몰아내 포위합니다. 그리고 종군 위안부로 쓸 만한 젊은 여성을 강제로 (중략) 정강이를 걷어차는 폭력을 행해 여자들을 트럭에 처넣고, 온 마을이 패닉에 빠지는 가운데 한마을에서 3명이나 5명 혹은 10명을 연행해 갑니다. 그리고 즉각 주요 도시의 경찰서 유치장에 넣어 놓고 3일이나 5일 사이에 예정한 100명 혹은 200명의 인원을 채워서 조선의 철도로 부산까지 실어나르고, 부산에서 관부연락선(부산과 시모노세키 사이를 운항한 연락선-인용자주)으로 시모노세키로 옮긴 것입니다."

요시다 세이지 씨의 증언은 아주 생생하고 충격적이었다. 이 기사를 비롯해 아사히신문은 1980년부터 1994년까지 14년간 요시다 세이지 씨 관련 기사를 19개 실었다.

그러나 요시다 씨의 증언에 대해 의문시하는 소리가 나왔다. 역사 연구자인 하타 이쿠히코(秦郁彦) 씨의 저서 〈위안부와 전장의 성〉을 보면, 저자 하타 씨는 요시다 씨가 1983년에 출판한 〈나의 전쟁 범죄〉에 적힌 제주도에서의 위안부 사냥을 검증하기 위해 1992년 3월 현지를 방문했다. 그러나 위안부의 '일제(一齊) 징용'을 뒷받침하는 증언은 얻지 못했다. 그 대신 하타 씨는 제주도의 공립도서관에서 〈제주신문〉의 한 기사를 찾았다. 그것은 요시다 씨가 쓴 책의 내용을 완전히 부정하는 기사였다.

"城山리 주민 정옥단씨(85)는 '그런 일은 없다. 2백 50여 가호밖에 안 된 마을에서 열다섯 명이나 징용해 갔다면 얼마나 큰 사건인데… 당시 그런 일은 없었다'고 잘라 말했다. 향토사학자 김봉옥씨는 '일본인들의 잔혹성과 몰양심적인 일면을 그대로 드러낸 것이다. 차마 부끄러워서 입에 담지도 못할 말을 그대로 쓴 것으로 책이란 이름을 붙이지도 못하겠다. 83년 원본이 나왔을 때 몇 해 동안 추적한 결과 사실 무근인 부분도 있었다. 오히려 그들의 악독한 면을 드러낸 도덕성이 결여된 책으로 얄팍한 상술인 면도 가미되었을 것으로 본다'고 분개했다. 【許榮善기자】"
  — 1989년8월14일자 제주신문, 〈위안부와 전장의 성〉에서 인용

요시다 씨가 말한 제주도에서의 위안부 사냥은 현지 주민이나 향토사 연구가에 의해서 부정된 것이다.

요시미 요시아키(吉見義明), 가와타 후미코(川田文子) 편저 〈「위안부」를 둘러싼 30가지 거짓과 진실〉에 따르면 1993년 5월 위안부 문제 전문가인 요시미 요시아키 일본 추오대학교 명예교수와 일행이 요시다 세이지 씨를 찾아갔다. 요시미 교수와 일행은 요시다 씨에게 많은 의문에 대해 적극적으로 반론할 것을 권하며 과장된 부분이 있으면 정정해야 할 것 아니냐고 제의했다. 그러나 요시다 세이지 씨는 "(아내의)일기를 공개하면 가족이 협박 등의 피해를 입을지도 모르니까 못한다." "회상문에는 일시나 장소를

바꾼 부분도 있다."라며 반론도 증언의 정정도 거부했다. 요시미 요시아키 교수는 요시다 씨의 회상은 증언으로써는 쓸 수 없다고 판단하여 위안부 문제의 연구에 요시다 씨의 증언은 일체 채용하지 않았다고 한다.

그 후 '요시다 증언'에 대한 의구심이 깊어지는 가운데 일본의 잡지 〈주간신초(週刊新潮)〉 1997년 5월 2일·9일 합병호에 실린 요시다 세이지 씨 본인의 발언은 충격적인 것이었다.

"뭐 책에 진실을 써도 아무런 이익도 없어. 관계자에게 폐를 끼치면 안되니까 카무플라주한 부분도 있는 거예요. (중략) 사실을 숨기고 자신의 주장을 섞어 쓰는 것은 신문도 하는 일이잖아요. 뒤죽박죽된 부분이 있어도 어쩔 수 없어."

이 〈주간신초〉의 기사를 보면 요시다 세이지 씨가 위안부 강제연행과 관련된 자신의 증언이 모두 허위라고 인정한 것은 아니다. 그러나 이 시점에서 요시다 씨의 증언은 완전히 신용을 잃고 사회적으로는 허위라는 것이 확정되었다. '위안부 강제연행에 대해 말하는 가해자 측의 유일한 증언자'는 이렇게 소멸된 것이다.

그러나 아사히신문은 이 〈주간신초〉 기사가 나오기 전인 1997년 3월 31일 시점에서 요시다 세이지 씨의 증언을 의심하는 다음과 같은 기사를 게재했다.

"요시다 세이지 씨는 83년에 '군의 명령에 의해 조선 제주도에서 위안부 사냥을 하여 여성 205명을 억지로 연행했다'라고 하는 책을 출판했다. 위안부 소송을 계기로 다시 주목을 끌며 아사히신문 등 몇몇 언론에 등장했지만 곧 이 증언을 의문시하는 목소리가 생겨났다. 제주도 사람들 중에서도 그의 저술을 뒷받침하는 증언은 나오지 않아 진위는 확인할 수 없다. 요시다 씨는 '자신의 체험을 그대로 썼다'라고 이야기하지만 '반론할 생각은 없다'라며 관계자의 이름 등 데이터의 제공을 거부하고 있다."

요시다 씨 증언의 진위를 확인하지 못한다고 해서 모든 증언이 허위였다고 단정할 수도 없다. 그리고 요시다 씨 본인은 사실 확인을 거부하고 있다. 그러한 상황 속에서 위의 기사 내용은 타당한 것이었다고 생각한다.
그러나 그 후 아사히신문에 대한 격렬한 비난이 쏟아지기 시작했다. 제2차 아베 정권 출범 직전인 2012년 11월 아베 신조 자민당 총재는 일본기자클럽이 주최한 당수 토론회에서 "아사히신문의 오보에 의해 요시다 세이지라는 사기꾼 같은 남자가 만든 책이 마치 사실처럼 일본 전체로 전파되어 이 문제가 점점 커져 갔습니다."라고 아사히신문과 요시다 세이지 씨를 싸잡아 비난했다. 사법처리된 것도 아닌 민간인을 사기꾼 취급하는 등 총리 경험자에게 어울리지 않는 언동이었다.
결국 아사히신문이 요시다 세이지 씨에 관한 일련의 기사를 취소한 것은 〈주간신초〉에서 요시다 씨가 '책에 진실을 써도 아무런 이익도 없다'고 고백하고 7년이 지난 2014년 8월 5일이었다. 그리고 이때부터 아사히신문에 대한 이상한 총공격이 시작됐다.

요미우리신문은 2014년 8월 28일, '허구의 〈강제연행〉 확산'이라는 제목의 기사에서 "일련의 보도는 '일본군에 의해 조직적으로 강제연행된 위안부'라는 왜곡된 역사의 고정화에 깊이 관여했다."라고 아사히를 단죄했다. 또 〈주간신초〉는 2014년 8월 28일호에서 "전세계에 '일본의 수치'를 훤전(喧傳)한 '위안부' 大오보" "아사히신문에 의해서 일본인의 명예와 존엄은 헤아릴 수 없을 정도로 폄하되었다."라며 아사히신문을 맹비난했다.

그러나 요시다 세이지 씨의 증언을 보도한 일본 언론은 아사히신문만이 아니다. 내가 소속된 TBS텔레비전도 1984년 7월부터 1992년 8월까지 요시다 씨의 인터뷰를 수차례 방송했다. 단, 증언의 신빙성에 의문이 생기고 나서부터는 요시다 씨에 대해 다루고 있지 않다.

또 아사히신문을 '국익 훼손한 아사히 반성 없음'이라며 격하게 성토한 우파 매체 산케이신문도 1993년 9월 1일자 오사카판 석간에서 요시다 세이지 씨를 '제주도에서 약 1000명 이상의 여성을 위안부로 연행했다고 밝힌 증언자'로서 소개했다. 그 기사 내용은 다음과 같은 것이었다.

"다음날부터 '위안부 사냥'에 착수하여 군용 트럭에 나눠 타고 취락을 돌았다. 울부짖는 여성의 팔을 잡아 민가에서 골목길로 끌어냈다. (중략) 그러나 요시다 씨의 증언이 밝혀지면서 그 신빙성에 의문을 제기하는 목소리가 나오기 시작했다. 증언을 뒷받침하는 피해자 측의 증인이 여전히 나타나지 않기 때문이다. (중략) 하지만 피해 증언이 없더라도 그곳에서 강제연행이 없었다고 할 수도 없다. 요시다 씨가 증언자로서 중요한 열쇠를 쥐고 있는 것은 확실하다."

이 기사는 산케이신문 오사카본사 인권 문제 취재반에 의한 것으로 〈인권고(人權考)〉라는 제목으로 서적화도 되었다.

또 일본 보수 언론을 대표하는 요미우리신문도 1992년 8월 15일 도쿄판 석간에서 '야마구치현 노무보국회 시모노세키지부의 동원부장이었던 요시다 세이지 씨'가 "'병원의 빨래나 취사 등 잡역부의 일이고 급료가 좋다'라며 100명의 조선 여성을 하이난섬(海南島 해남도)에 연행한 일 등에 대해 말했다."라고 보도했다. 요미우리신문은 아사히신문이 요시다 세이지 씨에 관한 기사를 취소한 뒤 2014년 8월 28일 "요시다 증언에 허위 의심이 있음을 거듭 보도하고 사설에서도 지적해 왔다."라고 변명했다.

결국 논조의 좌우를 불문하고 대부분의 일본 언론이 요시다 세이지 씨의 허위 증언에 속아넘어간 것이다. 아사히신문만이 집중 공격을 당한 것은 부당하다고 할 수밖에 없다.

강제연행은 없었다?

우파 계열의 언론이나 일부 정치가들은 요시다 증언이 허위인 것으로 밝혀짐에 따라 조선의 여성들을 위안부로서 강제연행한 것 자체가 허구였음이 명백해졌다고 주장한다. 요미우리신문은 아사히신문이 요시다 증언을 허위라고 인정한 것을 가지고 "국내에서는 요시다 증언과 같은 강제연행은 없었던 것으로 최종 결착되었다고 말할 수 있다."라고 단언했다. 과연 그럴까. 강제연행은 정말 없었다고 할 수 있는 것인가.

위안부 모집을 맡은 민간 업자나 관헌이 강제력을 가지고 여성을 끌어간 사실을 증언한 피해자 측의 증언이라면 얼마든지 있다. 그 증언들이 모두 다 거짓이라는 것인가.

앞서 기술했던 것처럼 2015년 9월 20일 나는 TBS텔레비전의 보도 프로그램 〈보도특집〉 PD로서 위안부 피해자 할머니들이 공동생활하는 경기도의 나눔의 집을 찾았다. 그날 이옥선 할머니는 끌려갔을 때의 상황을 다음과 같이 말했다.

"내가 끌려간 날짜도 잊지 않아. 그, 이 어느 땐가, 42년도 7월 29일. 주인 심부름을 갔다 오는데 남자 둘이, 아주 큰 남자 둘이가 앞을 막았어. 사복을 해서 군인인지 헌병인지 순사인지도 몰라. 근데 나를 끌어간 사람은 일본 사람 하나 조선 사람 하나였어. 조금 갔다가 내가 안 가겠다, 왜 길 가는 사람을 끌어가는가라고 막 발버둥질을 하니까 (조선어로) '이런 가스나, 조용히 하지 못하고 왜 이렇게 떼쓰는 거야'라고 욕을 하는 거야. 그러니까 그건 조선 사람이었어. 그래 가지고 조금 가니까 트럭이 하나 있는 거야. 군인들이 타고 댕기는 그런 차가 큰 게 하나 있는 거야. 거기 갇혀 놓고 '네 여기 타라'하는 게 아니고 한 놈 손 쥐고 한 놈 발 쥐고 이 위에 던져 넣은 거야. 그래서 높은 데 올라갔다 툭 떨어트리니까 얼마나 아프고 놀랐는가 봐.

그래서 떨어트려서 막 소리치며 한참 울다가 일어났지. 일어나서 보니까 차에 아무것도 실은 것도 없는데 거기 내가 탄 데 더 다섯이 끌려오는 거야. 그래서 다섯 사람, 내 끌려서 여섯 사람인 거지. 그래서 내가 물어봤지. 자넨 왜 이 차 탔는가. '우리도 길 가다가 여기 끌려왔다'고."

또한 같은 날 나눔의 집에서 취재에 응한 강일출 할머니는 경북 상주에서 중국으로 끌려갔을 때의 상황을 머리의 상처를 보여 주면서 이렇게 말했다.

"끌고갔지. 막 잡아 뜯었지. 때렸지. 일본 사람이 끌고 갔다고. 그래 울었잖아. 그러니까 여기(머리)를 이런 걸로 탁 때리는데 내가 휘떡 자빠지면서 여기 다쳤어."
―― 그 사람들이 뭐라고 하고 끌어갔어요?
"자기네를 따라오라 하지 뭐. 안 따라오고 왜 울기만 하는가 그랬지 뭐. 그래서 맞았다고 여기에. 학교도 못 댕기고 끌려갔어."
―― 끌려갔을 때 아무 설명도 없고요?
"네가 그거 알 필요 없는데 우리가 끌고가는 대로 가자 이래는 거야. 말 못 했어. 말하면 안된다고. 그래 가지고 칵 떠밀려서 여기 이렇게 콱 넘어져 가지고 이렇게 해 가지고 여기 다쳤다고"

강일출 할머니는 당시 열여섯 살이었다.
강제적, 폭력적으로 끌려갔다는 피해자 증언은 얼마든지 있다. 다만 그것을 뒷받침하는 가해자 측의 증인이나 강제연행을 직접 증명하는 공적 문서가 나오지 않고 있을 뿐이다. 그렇다고 해서 강제연행이 없었다고 단정지을 수 없다.

일본 사법이 인정한 강제연행

피해자가 강제로 끌려간 사실은 가해국인 일본 사법에 의해서 여러 차례 인정된 바 있다. 그 중 하나인 아시아태평양 전쟁 한국인 희생자 보상 청구 소송이 있었던 2003년 7월 22일의 도쿄고등법원 판결을 보자. 판결문에는 피해자들의 실명도 쓰여 있지만 그 부분은 제외하고 인용한다.

"쇼와 17년(1942년) 봄쯤 귀가하는 도중에 부산역 근처 골목에서 일본인과 조선인 남자 2명이 나를 불러 세우고 '구라시키(倉敷)의 군복 공장에 돈 벌러 안 갈래?'라며 승낙도 하기 전에 배에 밀어넣어 태워 라바울로 연행당했다. 현지의 교회를 나눠서 만든 위안소로 끌려가 군인과 하루 평균 10명, 많을 때에는 15명이 넘는 군인과 성행위를 강요당했다." (당시 15세가량, 포항군 출신의 피해자)

"17살 되던 봄, 10명 정도의 일본인 군인에게 팔다리를 잡혀 붙잡혀 가 트럭과 기차를 갈아타고 오오테산 부대의 위안소로 끌려갔다. 위안소에서는 성행위를 계속 강요당했는데, 하룻밤에 30, 40명에서 때로는 50명의 군인을 상대로 당했다." (충남 출신의 피해자)

"쇼와 15년(1940년) 3월 중순(음력) 경찰에게 사소한 일로 질책당하여 경찰서에 끌려가 고문당하고 후쿠오카라고 들은 곳에 끌려가서 매일 수십 명의 군인에게 성행위를 강요당했다."(황해도 연백군 출신의 피해자)

"쇼와 19년(1944년) 여름, 일본인과 조선인이 와서 '일본의 공장에 일하러 가서 1년만 지나면 시집갈 준비도 할 수 있다'라고 말을 꺼냈다. 거절했지만 강제적으로 랑군에 끌려가 위안소에 넣어져 평일 10명에서 15명, 휴일에는 30에서 40명의 군인과의 성행위를 강요당했다."(당시 19세, 전남 강진군 출신의 피해자)

'승낙도 하기 전에 연행' '팔다리를 잡혀 붙잡혀 갔다' 등등, 일본 사법이 인정한 이런 사례를 강제연행이라고 하지 않으면 뭐라고 할 것인가.

본질에 어긋난 일본 정부의 주장

여기까지 읽어 보신 한국의 독자들은 일본 국내에서 벌어지고 있는 논의를 접하고 어처구니가 없어 질리는 것은 아닐까. 애당초 강제연행, 즉 납치처럼 폭력적인 방법으로 여성을 붙잡은 것이 아니라면 사람을 위안부로 삼아도 문제없다는 생각 자체가 잘못인 것이다.
관헌이나 업자가 따라오라고 하는데 그것을 거부할 수 있는 젊은 여성이 얼마나 있었을까. 10대 소녀라면 더욱 그렇다. 여성을 데리고 갔을 때의 폭력 여부만이 문제인 것이 아니다. 위안부 문제의 본질은 여성들이 자신의 의사에 반하여 위안소에서 일하며 말로 다 할 수 없는 성폭행을 당했다는 점에 있다.

높은 봉급을 받을 수 있는 일이 있다고 노동의 내용을 위장하거나 그 내용을 확실히 알리지 않고 여성을 위안소로 데려간 행위도 당연히 용납되지 않는다. 위안부 모집을 직접 맡은 것이 민간인이었다고 해도 위안부를 전장으로 보낼 것을 요청한 군의 책임은 면할 수 없으며 그것은 국가가 책임져야 될 문제이다. 또 피해자가 집안이 가난하여 부모에 의해 팔린 여성이라 할지라도 그 여성을 위안부로서 일하게 한 업체나 위안소를 관리하고 이용한 군이 면죄받을 수는 없으며, 가해의 무게를 감쇄하는 이유가 되지도 않는다.

위안소에서 성행위를 계속적으로 강요했다는 중대한 인권 침해를 외면하고 모집 시에 폭력적인 연행이 있었는지만 논점으로 삼는 방식은 비열한 문제의 왜소화에 불과하다. 전직 외교관으로 일본 외무성 구아국장(歐亞局長)과 주네덜란드 대사를 지낸 도고 가즈히코(東郷和彦) 씨는 아사히신문이 주최한 대담에서 다음과 같이 말했다.

"국내에서는 목덜미를 잡고 트럭에 태웠는지 여부와 같은 '협의의 강제성'에 관심이 집중되어 강제연행이 없으면 문제없다는 견해가 있습니다. 한편 해외에서는 위안부 제도는 여성 인권의 문제로서 '절대 용서할 수 없다'라는 국제 여론이 있어서 정당화하는 발언은 전혀 이해를 얻을 수 없다. 국제형사재판소의 규정에서 전시성폭력은 제노사이드(대량학살)와 동등한 '인도에 대한 죄'의 하나가 되어 있어 위안부 제도도 그 문맥으로 파악할 수 있다."

2007년 3월 미국 캘리포니아주립대학교 샌타바버라캠퍼스에서 개최된 일본의 역사 문제에 관한 국제심포지엄에서 미국인 참석자들은 도고 가즈히코 씨에게 다음과 같이 말했다고 한다.

"일본인 사이에서 '강제연행'이 있었는지 없었는지에 대해 벌어지고 있는 논의는 이 문제의 본질에 있어서 전혀 의미가 없다. 세계의 대부분은 아무도 관심을 가지고 있지 않다."

"위안부의 이야기를 들었을 때 그들(미국인)이 생각하는 것은 '자신의 딸이 위안부가 돼서 (그런 일을)당했다고 생각하면 어떻겠느냐'라는 것 하나뿐이다. 그리고 오싹해진다. 이것이 이 문제의 본질이다."

"위안부가 '감언으로' 즉 속아서 왔다는 사례가 있는 것만으로 완전 아웃이다. '강제연행'과 '감언으로 속아서 알아차렸을 때는 도망갈 수 없는 것'과 어디가 다른가?"

미국인들이 도고 씨에게 던진 이런 말들은 위안부 문제의 본질을 단적으로 나타내고 있다. 요시다 증언이나 아사히신문의 오보 그리고 강제연행 여부 같은 일본 국내에서 벌어지는 좁은 시야의 논의가 얼마나 본질에서 벗어난 것인지 새삼 인식할 수 있다. 위안부 문제에 대해 일본에 책임이 없다고 주장하는 사람들은 '국제사회에 오해가 널리 퍼졌다'고 하는데, 본질적인 의미에서 국제사회는 그 어떤 오해도 하고 있지 않다.

그러나 일본 정부는 국제사회를 향해 위안부 강제연행은 날조였다는 주장을 하여 일본의 명예를 회복시키려고 부심하고 있다. 2016년 2월 16일 유엔 제네바본부에서 열린 '여성 차별철폐 조약'의 보고 심사에서 스기야마 신스케(杉山晋輔) 일본 외무성 심의관은 다음과 같이 말했다.

"위안부가 강제연행되었다고 하는 견해가 널리 유포된 원인은 요시다 세이지 씨가 '일본군의 명령으로 한국 제주도에서 많은 여성사냥을 했다'라는 허위 사실을 날조해 발표했기 때문이다. 이 책 내용은 당시 대형 신문사 중 하나인 아사히신문에 의해 사실인 것처럼 크게 보도되어 일본, 한국의 여론뿐만 아니라 국제사회에도 큰 영향을 주었다. 그러나 해당 서적 내용은 나중에 복수의 연구자에 의해 완전히 상상의 산물이었음이 이미 증명되었다."

일본 정부는 요시다 증언과 그것을 보도한 기사의 영향력을 과대평가하고 있는 것으로 보인다. 확실히 조선일보가 사설에서 요시다 세이지 씨의 저작에 대해 "이 책 한 권만으로도 일제의 위안부 강제연행은 입증되고도 남는다."라고 주장하는 등 요시다 증언이 한국 언론에서 강제연행의 근거로 소개되기는 했다. 그러나 한국에서 요시다 세이지라는 이름을 아는 사람은 극소수이다. 일본이 유엔에서 이러한 주장을 되풀이하면 할수록 오히려 일본은 중대한 인권 침해 사실을 부정하는 불성실한 국가라는 평가가 더 높아질 것이다.

일본에서는 요시다 증언을 보도한 아사히신문의 기사가 1996년에 유엔 인권위원회에 제출된 여성폭력문제 특별보고관 라디카 쿠마라스와미(Radhika Coomaraswamy)의 보고서에 큰 영향을 줬다는 주장도 종종 나온다. 이 〈쿠마라스와미 보고서〉는 피해 실태에 관한 조사 결과나 일본 정부에 대한 권고 등으로 구성된 것으로, 피해자에 대한 청취 조사를 바탕으로 한 기술이 중심이 돼 있다. 보고서는 영문으로 37페이지에 이르지만 요시다 증언에 대한 부분은 다음과 같이 극히 짧은 문장이었다.

"전 위안부의 대부분은 연행되는 과정에서 폭력이나 강제가 널리 행해지고 있었음을 증언하고 있다. 더 나아가서 전시 중에 저질러진 인간사냥의 실행자이기도 했던 요시다 세이지는 자신의 책에서 국가총동원법의 일부분인 노무보국회에서 다른 조선인과 함께 1천 명이나 되는 여성들을 '위안부'로 징집했다고 고백하고 있다."

게다가 쿠마라스와미 보고서에는 이런 기술도 있었다.

"특별보고관은 지바대학의 하타 이쿠히코 박사가 위안부 문제를 다룬 역사 연구들, 특히 제주도에서의 '위안부'들의 참상을 기술하고 있는 요시다 세이지의 책에 대해 반박하고 있는 내용에 주목했다."

쿠마라스와미 보고서는 이렇게 말한 후 "'위안부 범죄'의 주된 가해자는 사실상 조선의 유지들(district chiefs)이거나 포주 심지어 소녀들의 부모였다."라는 하타 씨의 견해까지 소개하고 있다.

이렇듯 보고서에는 요시다 증언의 내용에 의의가 제기되었다는 사실도 쓰여 있으며, 요시다 증언의 유무는 쿠마라스와미 보고의 근간에 영향을 줄 것이 아니다. 쿠마라스와미 보고서는 요시다 증언을 유일한 근거로 해서 작성된 것이 아니며 쿠마라스와미 자신도 "아사히신문이 요시다 증언의 기사를 취소했다고 해도 보고서를 수정할 필요는 없다."라는 인식을 표명하고 있다. 이 보고서에 의해 허위 정보가 국제사회에 유포되어 일본의 명예가 훼손되었다고 주장하기에는 무리가 있는 것이다.

요미우리신문은 2015년 1월 29일자 사설에서 '위안부 문제의 본질은 구 일본군의 강제연행 유무이다'고 단언했지만, 이 사설이야말로 위안부 문제의 본질을 잘못 안 것이라고 할 수밖에 없다. 강제연행의 유무는 위안부 문제의 본질이 아니다.

또 '어느 나라에서도 하던 것이다' '왜 일본만 비난을 받아야 하나'라는 꼴사나운 궤변도 전혀 설득력이 없다. 국가나 그 군대가 저지른 전시성폭력은 각각의 국가와 국민이 마주봐야 할 문제이며, 타국이 그 해결을 게을리하고 있다고 해도 일본이 면책되는 이유가 되지 않는다.

위안부는 성노예일까

2014년 7월 15일, 16일 이틀간 유엔 자유권규약위원회는 일본의 인권 상황에 대한 심사를 벌였다. 이 심사에서 일본 정부는 위안부 제도를 성노예제로 간주하는 것은 부적절하다고 주장하며 "이른바 강제연행은 확인할 수 없었다."라고 설명했다.

일본 정부는 위안부가 의사에 반하여 일했음을 인정하면서도 강제연행은 없었다고 주장하고 있는 것이다. 이 모순에 대해서 자유권규약위원회의 나이젤 로들리(Nigel Rodley) 의장은 "나로서는 이해할 수 없다. 머리가 안 좋은 걸까."라며 일본 정부를 통렬히 비꼬았다.

본인의 의사에 반하여 모집되고 이송된 것에 대해서 '강제연행이 아니다'고 하는 도저히 이해할 수 없는 일본 정부의 변명은 위안부 문제의 죄책을 피하고 싶어 하는 일부 일본인들에게만 유효한 것 같다. 국제사회에서는 전혀 통하지 않는데 말이다.

'액티브 뮤지엄 여성들의 전쟁과 평화자료관'(WAM)의 와타나베 미나(渡邊美奈) 사무국장에 따르면 이 심사에서 일본 정부가 위안부를 '성노예'라 부르는 것은 부적절하다고 주장한 것에 대해 존케 마조디나(Zonke Zanele Majodina) 위원(남아프리카 공화국)은 "위안부라고 부르는 것을 그만두고 성노예로 불러야 한다. 1926년의 노예 조약에 의해 그 정의는 분명하다."라고 지적했다고 한다. 이에 대해 일본 정부는 '위안부 제도는 노예 조약의 정의에 들어맞는 것으로 이해하지 않는다'고 재반론했다.

위안부는 '성노예'라고 할 수 있는가? 우선 노예제의 정의를 확인해 보자. 1926년의 노예제 조약의 제1조에서는 노예제를 다음과 같이 정의하고 있다.

Slavery is the status or condition of a person over whom any or all of the powers attaching to the right of ownership are exercised (노예제란 소유권에 부속되는 일부 또는 모든 권한의 행사를 받는 사람의 지위 또는 상태를 말한다).

조금 이해하기 어렵지만 노예 조약에서는 '소유권에 따른 권한 행사'가 있음이 노예제의 요건이 된다. 그리고 이 노예제의 정의는 1957년에 새로 발효된 노예제 폐지에 관한 보충 조약에서도 계속 유지되고 있는데, 다만 일본은 이 조약을 비준하지 않았다.

'소유권에 따른 권한 행사'는 구체적으로 어떤 것인가. 가나가와대학교 법과대학원 아베 고키(阿部浩己) 교수에 따르면 2001년 구 유고슬라비아 국제형사재판소에서 노예화의 개념에 대해 상세한 분석을 제시한 판결이 나왔다. 그것에 따르면 '노예화'란 다음과 같은 상태를 가리킨다.

이동의 지배, 물리적 환경의 지배, 심리적 지배, 도망을 방지하고 혹은 억제하기 위해 취하는 조치 또는 강요, (중략) 잔학한 취급 및 학대를 당하는 것, 성적 지배 및 강제 노동.

이것은 피고인들이 무슬림 여성을 구속하여 이동의 자유를 박탈하고 수차례에 걸쳐 강간한 사건의 판결에 나타난 것이다. 아베 교수에 의하면 이 판례는 노예제에 관련된 주요한, 거의 모든 국제적 판결에서 언급되고 있다고 한다. 판결에 나타난 노예화 개념은 바로 많은 일본군 위안부들의 피해 증언의 내용과 일치한다.

일본에는 "위안부는 고액의 보수를 받고 있었다." "외출의 자유도 있었다." 등을 근거로 위안부는 노예가 아니었다고 주장하는 사람들이 있다. 그러나 많은 위안부 피해자들은 실제로는 거의 혹은 전혀 대가로 돈을 받지 않았다고 증언하고 있다. 보수를 받고 있었던 경우에도 국제적인 노예제의 요건에 해당되면 노예라고 할 수 있으며, 사실상의 노예제 아래에서 성적인 노동을 강요받았기 때문에 노예의 한 형태로서 그것을 '성노예'라고 표현하는 데 아무런 문제가 없다. 또 분명히 일부 위안부들에게는 외출의 기회가 있었던 사실도 드러났지만, 외출은 어디까지나 군과 위안소 관리인의 허가가 필요한 것으로 위안부들은 마음대로 외출을 할 수는 없었다. 게다가 자신의 의지로 위안소에서 일을 그만둘 수 있는 자유도 없었다. 국제적으로 위안부를 '성노예'라고 표현하는 것은 이미 일반적인 일이다. 아베 고키 교수에 따르면 국제법률가위원회는 1994년에 발표한 위안부 문제에 관한 보고서에서 '위안부 제도는 국제법상의 노예제에 해당한다'고 인정했다. 또 유엔 인권위원회의 여성에 대한 폭력 특별보고관은 1996년에 간행한 보고서에 "'comfort women(위안부)'보다 'military sexual slaves (군 성노예)'가 훨씬 정확하고 적절한 용어이다."라고 기술했다. 전시의 조직적 강간, 성노예 등을 연구한 게이 맥두걸(Gay J. McDougall) 특별보고관의 1998년 보고서에서도 국제법에 따라 위안부 제도를 '성노예제'로 인정하고 있다. 또 유엔 고문방지위원회에서도 2013년에 'Japan's military sexual slavery practice(일본군의 성노예 제도)' 'the crimes of sexual slavery (성노예 범죄)'라는 표현을 사용하면서 일본 정부에 대해 법적 책임을 인정하고 피해자에게 보상할 것을 권고했다.

한마디로 위안부라고 말해도 위안소마다 형태와 운영규칙이 다르고 위안부들의 처지나 취급도 다양했다. 그 중에 지배의 강도나 잔학성, 인권 침해의 정도가 조금 나은 경우가 있었다고 해서 위안부 제도 전체를 '노예제가 아니었다'고 말할 수 있을까.

위안소 전체에 대해서 말하면 구 유고슬라비아 국제형사재판소의 판례가 제시한 개념과 같은 이동의 지배, 물리적 환경의 지배, 심리적 지배, 도망 방지 혹은 억제하기 위하여 취한 조치 또는 강요, 잔학한 취급, 학대를 받는 것, 성적인 지배 및 강제노동이 있었던 것은 틀림없다. 국제법상으로도, 일반적인 용어로서도 위안부 제도를 '노예제' '성노예'라고 표현하는 것에는 전혀 문제가 없다.

그러나 일본에서는 사법에서도 위안부를 노예로 인정하지 않는다. 중국 대륙의 위안소에 있었던 재일 교포 송신도 할머니(1922~2017)가 일본국에 사죄와 손해 배상을 청구한 재판에서 2심의 도쿄고등법원은 2000년 11월 30일 송신도 할머니의 항소를 기각했다.

이 판결에서 법원은 일본은 노예제 조약을 비준하지 않

았지만, 이 조약이 외국에서 실행되었기 때문에 이를 국제 관습법으로 인정하는 것이 상당하다며 일본도 당시 이 국제 관습법에 구속을 받고 있었다고 인정했다.

그러나 도쿄고등법원은 종군 위안부가 이 국제관습법상의 '노예'라고는 인정할 수는 없으며, 만약 노예에 해당한다고 해도 피해자인 개인이 국가에 손해 배상을 청구할 수 있다고는 인정할 수 없다고 판단했다.

국제사회가 위안부는 성노예였다고 인정하는 가운데, 가해자인 일본만 위안부는 성노예가 아니었다고 반박하고 있는 것이다. 특히 일본 정부는 과거의 가해 사실을 희석하기 위해 유치한 궤변을 반복하고 있다. 이대로 가면 일본은 역사를 조작하는 나라, 잘못을 인정하지 않는 나라로서 국제적 신용을 잃을 수밖에 없다.

끊이지 않는 아사히신문 때리기

아사히신문 때리기는 요시다 증언에 관한 것만은 아니다. 우에무라 다카시(植村隆) 기자가 1991년 8월에 아사히신문 오사카판 사회면에 쓴 '전 조선인 종군 위안부 전후 반세기 무거운 입을 열다'라는 기사 등이 일부 언론에 의하여 '날조'라며 비난을 당한 것이다.

그 기사는 위안부 피해자로서 나선 김학순 할머니(당시 68세)의 증언을 보도한 것이었다. 최초의 기사에서 김학순 할머니는 익명이었다. 기사에는 한국정신대문제대책협의회(약칭 정대협)가 김학순 할머니에 대한 청취 조사를 했을 때의 음성 테이프를 기초로 "생각하면 지금도 소름이 끼친다."라는 김학순 할머니의 피해 증언을 소개했다. 또 김학순 할머니가 기자 회견을 한 후인 1991년 12월 25일자 기사에서는 '되찾을 수 없는 청춘, 한(恨)의 반생' '관여한 사실을 인정하고 사죄를'이라는 제목으로 김학순 할머니의 호소를 실명, 사진과 함께 소개했다.

우에무라 씨는 아사히신문사를 퇴직하고 2014년에 일본의 한 대학에 교수로 취임하는 것이 결정되어 있었지만, 일본에서 가장 발행 부수가 많은 잡지 〈주간분슌(週刊文春)〉에 의해 '위안부 날조 아사히신문 기자가 여대 교수로'(2014년 2월 6일) 등 비방을 당했다. 우에무라 씨의 저서 〈진실 나는 '날조 기자'가 아니다〉(2016년, 이와나미서점)에 따르면 대학교에 "왜 우에무라 다카시와 같은 국적(매국노)을 교수로 들이는 겁니까?" "가두선전 활동을 하겠다."라는 항의와 협박이 빗발쳐 결국 우에무라 씨의 채용은 취소되었다. 그 후 우에무라 씨가 근무한 다른 대학교에도 항의와 협박이 계속 들어왔다.

우파 계열의 월간지 〈Will〉(왓크) 2014년 10월호 표지에는 '아사히신문의 〈위안부〉는 사상 최대의 大오보였다!'라는 선동적인 문구가 빨간 글씨로 커다랗게 쓰여 있었다. 이 잡지에서 우파 논객으로 유명한 저널리스트 사쿠라이 요시코(櫻井よしこ) 씨는 우에무라 씨의 기사를 비롯한 아사히신문의 위안부 보도에 대해서 "아사히는 국적입니다. 미디어로서 책임을 지기 위해 일단 한번 아사히의 간판을 내리고 폐간해야 하죠."라고까지 말했다.

우에무라 씨의 기사에 대해 일부 언론들이 문제삼은 것

은 주로 다음과 같은 점이다.

1. 김학순 할머니가 '정신대'로서 끌려갔다고 하지만 정신대와 위안부는 전혀 다른 것이다.
2. 김학순 할머니가 강제연행되었다는 인상을 줘 국제사회에 오해를 퍼뜨렸다.
3. 김학순 할머니가 기생 학교에 있었던 것에 대한 언급이 없다.
4. 양부가 김학순 할머니를 팔았다는 것에 대한 언급이 없다.

우선 1에 대해서는 '정신대'는 주로 젊은 여성을 공장 등의 노동에 동원한 것으로 '위안부'와는 확실히 별개이지만, 이 기사가 나온 1991년 전후에는 한국에서도 일본에서도 그 두 단어가 혼동되는 예가 드물지 않았다. 이런 혼동이 일본의 명예를 깎은 것이라고는 생각되지 않는다. 아사히신문을 비판하는 요미우리신문도 1991년 8월 14일 도쿄판 석간에 게재한 위안부를 주제로 한 연극의 소개 기사에서 다음과 같은 설명을 하고 있었다.

"특히 쇼와 17년(1942년) 이후 '여자정신대'의 이름으로 일한병합에 의해 억지로 일본인으로 취급되던 조선반도의 처녀들이 다수 강제적으로 징발되어 전쟁터로 파견되었다. 그녀들은 포탄이 난비하는 전장의 가설 오두막이나 참호 안에서 하루에 수십 명의 장병들에게 몸을 맡겼다."

2에 대해서 보면 우선 우에무라 씨는 김학순 할머니의 기사에 '강제연행'이라고는 쓰지 않았다. 1991년 8월 11일자 기사를 보면 '여자정신대로서 전장에 연행되어 일본 군인을 상대로 매춘 행위를 강요당했다' '속아서 위안부가 되었다'고 써 있다. 일본의 대표적인 일본어 사전인 〈고지엔(廣辭苑)〉을 보면 '연행'은 '① 동반해서 가는 것. 함께 가는 것 ② 데리고 가는 것'이라고 되어 있다. 이 기사의 경우는 ②의 뜻이지만, 누군가가 김학순 할머니를 전장으로 데려간 것은 사실이고 '전장에 연행되었다'는 기술에는 아무런 오류도 없다.

3에 대해서 살펴보자. 우에무라 씨는 '기생이라서 위안부가 된 것이 아니라고 생각했기 때문에 기생 학교에 중점을 두지 않았다'고 한다. 김학순 할머니가 기생을 양성하는 집에 있었다는 사실은 위안부로서 받은 피해와 관계가 없다. 가령 기생이었다 하더라도 그 경력의 여부는 김학순 할머니에 대한 가해 책임의 경중에 영향을 주지 않는다. 따라서 이러한 사실을 기사에 쓰지 않았다 해도 아무런 문제가 없다. 이것을 문제시하는 사람은 '기생은 위안부가 되어도 어쩔 수 없다'거나 '기생이라 자발적으로 위안부가 된 것이다'고 말하고 싶은 것일까.

마지막으로 4에 대해서 보면, 우에무라 씨의 저서 〈진실 나는 '날조 기자'가 아니다〉에 따르면 1991년 11월 25일 취재 때 김학순 할머니는 양아버지에 대해서 말하지 않았다. 애당초 양부가 김학순 할머니를 판 사실은 김학순 할머니가 위안부 피해자로서 호소할 수 있는 자격을 상실하는 사유가 되지 않으며, 위안소의 관리, 운영한 군이나 민간인을 면죄시키는 이유도 되지 않는다. 몇 번이고 다시 말하지만 위안부 피해의 본질은 본인의 의사에 반하여 위안부가 된 것에 있다.

아베 정부도 유지한 고노 담화

일본 정부의 위안부 문제에 대한 인식을 논하는 데 빼놓을 수 없는 것이 1993년에 발표된 '고노 관방 장관 담화'이다. 그 내용의 요점을 발췌하면 다음과 같다.

> 위안부 관계 조사결과 발표에 관한 내각 관방 장관 담화
> 1993년 8월 4일
> — 내각 관방 장관 고노 요헤이(河野洋平)
>
> 위안소는 당시 군당국의 요청에 의해 설치·운영되었으며 위안소의 설치, 관리 및 위안부의 이송에 대해서는 구 일본군이 직접 또는 간접적으로 관여하였다. 위안부 모집에 대해서는 군의 요청을 받은 업자가 주로 이를 담당하였으나 그 경우도 감언이나 강압적인 방법 등으로 본인의 의사에 반하여 모집된 사례가 많았으며 또한 관헌 등이 직접 이에 가담한 경우도 있었다는 사실이 밝혀졌다. 또한 위안소 생활은 강요당한 상황하에서 이루어진 비참한 것이었다.
> 또한 전쟁터에 이송된 위안부의 출신지는 일본을 제외하면 한반도가 큰 비중을 점하고 있고 당시 한반도는 우리나라의 통치하에 있어 그 모집, 이송, 관리 등도 감언이나 강

압에 의해 총체적으로 본인의 의사에 반하여 이루어졌다.
 어쨌든 소위 종군 위안부 문제는 당시 군의 관여하에 수많은 여성의 명예와 존엄을 크게 손상시킨 문제이다. 일본 정부는 이 기회에 그 출신지를 막론하고 소위 종군 위안부로서 많은 고통을 받고 심신에 걸쳐 치유하기 어려운 상처를 입으신 여러분께 대하여 다시 한번 진심으로 사과와 반성의 마음을 표한다.

 위에서 보다시피, 고노 담화는 위안부 문제에 대해서 옛 일본군의 관여를 인정하고 사죄하는 내용이다.
 그런데 제2차 아베 정권 출범 후인 2014년 4월, 일본 정부는 전문가 등으로 구성된 검토팀을 설치하고 고노 담화 작성 과정에 대해 검증을 시작했다. 그 검증 보고서는 그해 6월 20일에 발표되었는데, 일본 언론이 주목한 점은 주로 다음의 두 가지였다.

 첫째, 전 위안부에 대한 청취 조사 내용에 대해서 당시 일본 정부는 뒷받침 조사를 하지 않았다.
 둘째, 고노 담화 작성 과정에서 한일 양국 정부가 문구의 조정을 하고 있었다.

 검토팀의 보고서에 따르면 고노 담화 작성을 위한 위안부 피해자 청취 조사는 1993년 7월 26일부터 30일까지 진행되었으며, 16명의 피해자로부터 이야기를 들었다. 일본 측은 내각외정심의실과 외무성 직원 등 모두 5명이 종사했다. 기억이 혼란스러운 피해자도 있었다고 한다.

이 조사의 의도는 사실 규명보다 당사자에게 청취를 실시함으로써 일본 정부의 진상 규명에 대한 진지한 자세를 보여 위안부 피해자에게 다가서자는 데 있었다. 증언의 내용에 대한 사후 보강 조사는 하지 않았다.

청취는 학술조사와 같은 엄밀한 것이 아니라, 피해 당사자의 말에 귀를 기울이는 것에 주안점을 둔 것이었다. 사실 고노 담화의 원안은 청취 조사가 끝나기 전에 완성되어 있었다고 한다.

고노 담화 작성 과정에서 청취 내용의 뒷받침 조사를 하지 않았던 것이 아베 정부가 실시한 검증에 의해 밝혀져, 주로 보수 세력으로부터 고노 담화에 대한 비판의 소리가 더욱 커졌다. 그러나 이미 태평양 전쟁 종전으로부터 48년이 경과된 시점에서 16명의 위안부가 당시에 받은 피해를 뒷받침할 물증, 예를 들어 그 피해자들이 실제로 있었던 위안소의 명단이나 관리기록, 군관계 서류 등을 찾아내는 것은 현실적으로 불가능하다.

고노 담화 작성을 위해 실시한 조사는 형사재판처럼 치밀한 사실 인정이 요구되는 것이 아니라 어디까지나 피해자 구제와 한일관계 개선을 목표로 한 작업이었다. 증거가 없다고 해서 위안부로서 당한 피해를 인정할 수 없고 그래서 피해자의 명예 회복을 할 수 없다면 그것이 과연 정치적, 외교적으로 바른 선택이라고 할 수 있을까.

한국 측은 "고노 담화의 내용은 일본 정부가 자주적으로 결정하는 것이다."라면서도 그 내용은 한국 국민의 긍정적인 평가를 받는 것이어야 한다는 관점에서 당시 여러 차례 문구 수정을 희망했다.

예를 들어 일본 측은 위안소 설치에 대해서 군 당국의 '의향'이라고 표현했지만, 한국 측은 군의 '지시'라는 표현으로 수정할 것을 요구했다. 그러나 일본 측은 이를 받아들이지 않았고, 결국 군 당국의 '요청'으로 설치·운영됐다는 표현으로 결착했다.

또 한국 측은 위안부 모집에 대해서도 '군 또는 군의 지시를 받은 업자가 이를 담당하였다'라는 표현을 제안했다. 이에 대해 일본 측은 군을 모집의 주체로 하는 것은 받아들일 수 없다고 반론하여 최종적으로는 '위안부 모집에 대해서는 군의 요청을 받은 업체가 주로 이를 담당하였다'는 문구가 됐다.

사죄의 부분에 대해서 일본 측은 '진심으로 사과를 표한다'라는 원안을 제시했으나 한국 측은 이에 '반성의 마음'이라는 말을 추가할 것을 요구하였고 일본 측은 이를 받아들였다.

조정에 많은 시간이 걸린 것은 한반도에서 위안부를 모집했을 때의 '강제성'에 관한 부분이었다. 이 부분은 결국 '당시 한반도는 우리나라의 통치하에 있어 그 모집, 이송, 관리 등도 감언이나 강압에 의해 총체적으로 본인의 의사에 반하여 이루어졌다'라는 문구가 됐다.

고노 담화는 위안부 문제 때문에 한국에서 일본에 대한 비판이 드세지는 가운데 문제 해결과 한일관계 개선에 이바지할 목적으로 발표한 것이다. 일본이 일방적으로 자기주장을 늘어놓을 성질의 것은 아니며, 한국 측이 납득할 수 없는 내용이 되어 버리면 아무 의미도 없다. 한국 정부와의 사전 조정은 당연히 필요했다고 할 수 있다.

이 검증 작업이 시작되기 전인 2014년 3월 14일 아베 총리는 이미 "고노 담화를 수정하는 일은 없다."라고 명언한 바 있다. 그렇다면 무엇 때문에 검증 작업을 했을까?

아베 총리는 2012년 9월 자민당 총재 선거의 토론회에서 "고노 요헤이 관방 장관 담화에 의해 일본은 군이 강제적으로 집에 들어가서 여성을 유괴하듯 데리고 가 위안부로 삼았다는 불명예를 입었다."라며 고노 담화를 수정할 생각을 밝혔다. 아베 총리는 고노 담화의 내용에 대해서 속마음으로는 지금도 수긍하지 않는 것으로 보인다.

아베 총리는 검증 작업 종료 후인 2015년 4월 28일 오바마 미국 대통령과의 회담을 마치고 공동 기자 회견에서 고노 담화를 계승할 것이며 수정할 생각이 없다고 명언했다. 약 1년 전 오바마 대통령은 2014년 4월 청와대에서 열린 기자 회견에서 위안부 문제에 대해 '끔찍하고 지독한 인권침해'라고 말했다. 아베 총리가 오바마 대통령 앞에서 고노 담화를 계승하겠다고 밝힌 것은 대미관계상의 배려가 크게 작용한 결과임에 틀림없다.

아베 총리는 고노 담화 자체를 수정도 부정도 하지 못했다. 그러나 검증 작업을 통해 고노 담화 작성 과정에서 한국 측과 사전 조정을 했다는 사실이나 청취 조사에 뒷받침이 없었다는 점을 부각시켰다. 원래 이 검증 작업의 목적은 고노 담화 작성 과정에 하자가 있었음을 시사해서 담화 자체의 정당성을 훼손하는 것이 아니었나 생각된다. 나는 그런 의구심을 지울 수가 없다. 하지만 설령 그렇다 해도 아베 총리가 계승한다고 밝힌 이상 고노 담화는 아베 정부의 견해이기도 한 것이다.

일본 정부는 우리 기억에서 '위안부'를 말살하고 싶은가

  2015년의 한일 합의 이후 일본 정부는 한국 국내를 비롯, 미국 등 해외에 소녀상이나 기념비를 설치하는 것에 대해 자주 항의를 하고 있다. 2017년 1월 9일 일본 정부는 부산의 일본 총영사관 앞에 소녀상이 설치된 것에 항의하여 나가미네 야스마사(長嶺安政) 주한 대사와 모리모토 야스히로(森本康敬) 부산 총영사를 일시 귀국시켰다. 2015년의 한일 합의에는 '한국 정부는 일본 정부가 주한 일본 대사관 앞의 소녀상에 대해 공관의 안녕·위엄의 유지라는 관점에서 우려하고 있는 점을 인지하고 적절히 해결되도록 노력한다'고 되어 있다. 일본 정부에 의한 주한 대사와 부산 총영사의 귀국 조치는 한국 정부가 이 합의를 위반했다고 간주하고 내려진 것이다.
  그러나 합의 취지에서 일탈한 무리한 요구도 있다. 2017년 9월 한국 여성가족부가 일본군 위안부 피해자를 기억하기 위한 추모비를 국립 망향의 동산에 설치하는 계획을 밝혔다. 이에 대해 일본 정부는 곧바로 한국 정부에 항의했다. 추모비 설치에 항의하는 감각은 도저히 이해할 수 없는 몰상식한 것이라고밖에 말할 수 없는데, 일본 정부는 이 추모비 설치가 2015년의 한일 합의에 반하는 것이라고 주장했다. 그러나 이 추모비 설치는 한일 합의에 전혀 위반되지 않는다.
  우선 설치하는 것은 '추모비'이므로 한일 합의에서 양국이 자중하기로 한 '유엔 등 국제사회에서의 상호 비난'에 해당될 수 없다. 사자에 대한 추모가 왜 일본에 대한 비난인가.

또 설치하는 장소는 충청남도 천안시의 국립 망향의 동산으로 일본 대사관이나 총영사관과 같은 재외공관의 주변도 아니다. 한일 합의에 위반되지 않을뿐더러 '외교관계에 관한 비엔나 협약'에 있는 '공관의 안녕 교란'이나 '품위의 손상'에도 해당되지 않는다.

일본의 스가 요시히데(菅義偉) 관방 장관은 추모비 설치에 대해 "한일 양측이 미래 지향의 관계를 발전시키려고 노력하고 있는 가운데 찬물을 끼얹을 수 있다."라고 한국 정부를 비난했다. 그러나 '미래 지향'이라는 것은 위안부의 존재를 우리 기억에서 말살하는 것이 아니다. 추모비 구성에 반대하는 것은 죽은 사람들이 잠든 묘역에서 추모를 해서는 안 된다고 말하는 것과 마찬가지이며 폭론이다. 오히려 가해국인 일본 정부가 숨진 위안부 피해자의 추모사업을 스스로 해야 하는 것이 아닐까. 한일관계에 찬물을 끼얹는 사람이 과연 누구인가?

이 추모비는 계획대로 완성되어 2018년 8월 14일 일본군 위안부 피해자 기림의 날에 제막식이 진행되었다.

2017년 9월에는 미국 샌프란시스코시의 차이나타운에 있는 공원에 한반도, 중국, 필리핀 출신의 위안부 기림비가 설치되었고 그 후 시에 기증되었다. 이 기림비는 'CWJC(위안부 정의연맹)'이라는 시민 단체가 세운 것이다. 이런 움직임에 대해서도 스가 요시히데 관방 장관은 '여러 관계자들에게 설명하여 이런 일을 저지할 수 있도록 총력을 기울이고 있고 앞으로도 계속하겠다'고 말했다.

또한 아베 총리는 2017년 11월 21일의 중의원 본회의에서 '위안부 기림비가 샌프란시스코시에 기증된 일은 일본 정부의 입장과 맞지 않는 지극히 유감스러운 일이다'고 하면서 샌프란시스코시의 에드윈 리 시장에게 위안부 기림비의 기증을 받아들이는 결의안에 대해 거부권을 행사할 것을 제의했다고 밝혔다. 그러나 리 시장은 위안부 기림비의 기증을 받아들이는 결의안에 서명하여 기림비의 공공물화를 적극적으로 지지하는 자세를 분명히 보였다.

'저지'라는 단어까지 쓰면서 위안부 기림비의 설치에 반대하는 일본 정부의 자세에 정당성이 있다고는 도저히 생각할 수 없다. 국제사회에서는 일본이 위안부에 대한 가해 사실을 필사적으로 은폐하고 있는 것처럼 보이지 않을까. 위안부 문제의 해결은 위안부의 존재를 역사에서 말살하는 것이 아니다.

또한 부산의 소녀상 설치 후 일시 귀국했던 모리모토 야스히로 씨는 2017년 6월 1일자로 부산 총영사직에서 해임됐다. 모리모토 씨가 일본에 일시 귀국했을 때 사석에서 아베 정권을 비판한 것이 경질 이유로 보인다. 그러나 일본 정부는 '통상적인 인사'라고 설명했다.

일본은 정말 공식 사죄를 한 적이 없는가

2017년에 개봉된 한국 영화 〈아이 캔 스피크〉는 위안부 문제를 주제로 한 작품이다. 위안부 피해자인 이용수 할머니를 모델로 제작한 영화로 관객 동원수가 300만 명을 넘은 히트 작품이다. 아직 보지 않은 독자를 위해 스토리는 소개하지 않지만 영화 종반에 이런 자막이 나온다.

"2007년 6월 26일 '위안부'사죄 결의안(HR121)은 미 하원 외교위원회에서 찬성 39표, 반대 2표로 공식 채택되었고, 같은 해 7월 30일 미 하원에서 만장일치로 통과되었다. (중략) 그 후 10년, 일본은 여전히 사죄하지 않았다."

서울 일본 대사관 앞에서는 매주 수요일마다 위안부 피해자 할머니들과 지원 단체가 일본의 법적 책임 추궁 등을 호소하는 집회를 하고 있다. 이 '수요집회'는 1992년부터 지속되어 중고등학생이나 대학생들의 참여도 많다. 나도 이 '수요집회'를 여러 번 취재했는데 참가자들은 자주 '공식 사죄'라고 쓰인 플래카드를 들고 일본 정부에 사죄를 요구하고 있다.

한일 합의 직후인 2016년 1월 5일부터 7일까지 한국갤럽이 실시한 여론조사에 따르면 2015년 한일 합의에서 일본 정부가 '사과한 것으로 본다'고 답한 사람은 19%에 머물고 '사과하지 않은 것으로 본다'고 답한 사람은 72%나 되었다.

일본 정부는 위안부 문제에 대해서 그동안 한국에 한 번도 공식 사죄를 하지 않았을까? 우선은 일본의 역대 총리들과 정부의 대변인인 관방 장관의 위안부 문제에 관한 주된 발언을 시계열로 살펴보고자 한다.

1992년 1월 17일 미야자와 기이치(宮澤喜一) 총리
"한반도 출신의 소위 종군 위안부가 체험한 심정을 생각

하면 가슴이 막힌다. 증언이나 자료들을 보면 모집 등에서 군이 어떤 형태로든 관여한 것은 부정할 수 없다. 그동안 견디기 어려운 고통에 대해 유감을 표명했으나 여기서 다시 한번 필설로 다하기 어려운 고통에 대해 충심으로 사과와 반성을 하고자 한다."

(청와대에서 열린 노태우 대통령과의 정상 회담에서의 발언)

1993년 8월 4일 고노 요헤이(河野洋平) 내각 관방 장관
"소위 종군 위안부 문제는 당시 군의 관여하에 수많은 여성의 명예와 존엄을 크게 손상시킨 문제이다. 일본 정부는 이 기회에 그 출신지를 막론하고 소위 종군 위안부로서 많은 고통을 받고 심신에 걸쳐 치유하기 어려운 상처를 입으신 여러분께 대하여 다시 한번 진심으로 사과와 반성의 마음을 표한다."

(고노 담화)

1994년 8월 31일 무라야마 도미이치(村山富市) 총리
"소위 종군 위안부 문제는 여성의 명예와 존엄성에 깊은 상처를 입힌 문제이며 저는 이 기회에 다시 한번 진심으로 반성과 사죄의 뜻을 말씀드리고자 합니다."

(전후 50년을 앞두고 발표한 담화)

1995년 7월 18일 무라야마 도미이치 총리
"이 문제는 구 일본군의 관여하에 수많은 여성의 명예와 존엄성에 크게 상처를 입힌 것으로서 도저히 용납할 수 없는 것입니다. 저는 종군 위안부로서 심신 양면에 치유하기 힘든 상처를 입으신 모든 분들께 깊은 사죄의 말씀을 드리

고자 합니다."

(아시아여성기금 발족 시에 발표한 인사말)

1996년 6월 23일 하시모토 류타로(橋本龍太郞) 총리
"방금 종군 위안부 문제를 언급하셨지만 저는 이 문제만큼 여성의 명예와 존엄을 훼손한 문제는 없다고 생각합니다. 그리고 진심으로 사과와 반성의 말씀을 드리고자 합니다."

(제주도에서 열린 김영삼 대통령과의 공동 기자 회견)

2007년 4월 26일 아베 신조 총리
"나의 진의나 발언이 정확히 전달되지 않은 것 같지만 나는 고통을 당한 위안부분들에게 개인으로서, 또 총리로서 진심으로 동정하고 죄송하다는 마음으로 가득하다."

(미국 낸시 펠로시 하원의장 등과의 회담에서의 발언)

2007년 4월 27일 아베 신조 총리
"매우 어려운 상황에서 고통을 당하신 것, 괴로움을 받은 것에 대해 인간으로서, 총리로서 진심으로 동정한다. 그 상황에 처한 것에 대해 죄송하다고 생각한다."

(부시 미국 대통령과의 정상 회담에서의 발언)

2015년 12월 28일 아베 신조 총리
"일본국 내각 총리대신으로서 위안부로서 많은 고통을 겪고 심신에 걸쳐 치유하기 어려운 상처를 입은 모든 분에 대해 마음으로부터 사죄와 반성의 마음을 표명한다."

(한일 합의 후 박근혜 대통령과의 전화 회담에서의 발언)

한편, 1996년 8월에는 당시 총리 하시모토 류타로 이하 역대 총리 오부치 게이조(小渕惠三), 모리 요시로(森喜朗), 고이즈미 준이치로(小泉純一郎) 4명의 연명으로 위안부 피해자들에게 '사과의 편지'를 전했었다. '아시아여성기금'이 설립되고 사과금 지급 등의 사업이 개시되면서 위안부 피해자들에게 전달된 이 '사과의 편지'의 내용 일부를 소개한다.

"이른바 종군 위안부 문제는 당시 구 일본군의 관여하에 많은 여성들의 명예와 존엄성에 깊은 상처를 입힌 문제입니다. 저는 일본국 내각 총리대신으로서 다시 한번 소위 종군 위안부로서 수많은 고통을 겪고 심신 양면에 걸쳐 치유하기 어려운 상처를 입으신 분들께 진심으로 사죄와 반성의 뜻을 말씀드리고자 합니다. 우리는 과거의 무거움으로부터도 미래를 향한 책임으로부터도 도망칠 수는 없습니다. 우리나라로서는 도의적인 책임을 통감하면서 사과와 반성의 뜻에 입각하여 과거의 역사를 직시하며 이것을 후세들에게 바로 전달함과 동시에 부조리한 폭력 등 여성의 명예와 존엄성에 관련된 문제 등에 대해서도 적극적으로 임해야 한다고 생각합니다."

상기와 같은 내용을 보고 한국의 독자 분들은 어떻게 느끼셨을까? 이들 사죄는 모두 일본 총리나 관방 장관이 공식 입장에서 한 것들이다. 2014년, 연합뉴스는 1992년에 한국을 방문한 미야자와 총리가 노태우 대통령과의 정상 회담에서 한 사죄에 대해 '공식 사죄'라는 표현으로 보도했다.

아마 대부분의 한국인은 일본의 역대 총리와 관방 장관

이 이만큼 사죄를 하고 있는 것을 모르는 것이 아닐까. 한편 많은 일본 사람들은 이러한 사죄들을 보고 '일본은 이제 충분히 사죄한 것이 아닐까'라고 느낄지도 모른다.

그러나 내가 일본 정부에 의한 사죄들을 열거한 것은 '몇 번이나 사죄했으니까 이제 충분하다'라는 말을 하고 싶어서가 아니다. 이들 사죄들 중에 일본 총리가 한국 대통령에게 직접 말한 것은 세 번 있었지만 당사자인 위안부 피해자들에게 직접 한 사죄는 한 번도 없다. 나는 이것이 많은 한국인이 '위안부 문제로 일본 정부가 사죄했다'라는 인식을 갖지 못하는 것과 관련이 있는 것이 아닐까 생각한다. 2015년 한일 합의의 협상 과정에서도 한국 측은 일본 정부에 위안부 피해자 방문을 요청했으나 결국 실현되지 않았다.

고노 담화도 무라야마 총리의 전후 50년 담화도 그 내용은 진지한 사죄이지만 형식은 어디까지나 일방적인 담화 발표이다. '아시아여성기금'의 사업 개시 시에 역대 총리들이 한 사죄도 편지였다. 필설로 다할 수 없는 고통을 견딘 피해자들에게 직접 전한 말이 아니었다.

아베 총리가 말한 사죄 중 두 개는 그 상대방이 미국 하원의장이나 미국 대통령이었다. 부시 미국 대통령은 "총리의 사죄를 받아들인다."라고 답했다고 하는데, 미일 정상들끼리의 이 대화가 위안부 피해자에게 무슨 의미가 있을까.

2007년 4월 당시 미국 하원에서는 위안부 문제에 관한 일본 정부의 대응을 강력히 비난하고 총리의 사죄를 요구하는 결의안이 제출돼 있었다. 그리고 이에 앞서 2007년 3월 아베 총리는 일본 국회에서 위안부 문제에 대해 "협의의 의미로 강제성을 뒷받침하는 증언은 없었다." "위안부 사냥과 같은 강제성, 관헌에 의한 강제연행적인 일이 있었다고 증명하는 증언은 없다."라고 답변을 해서 미국 언론에서도 비판을 당하고 있었다. 아베 총리가 일부러 미국에서 하원의장이나 대통령 앞에서 사죄의 뜻을 보인 배경에는 이러한 사정이 있었다.

나는 전부터 일본 총리가 나눔의 집을 방문하고 위안부 피해자들과 직접 대면하여 사죄를 해야 한다고 생각하고 있다. 물론 그 사죄는 언론에도 공개하는 형태로 해야 한다. 이 방법이라면 피해 당사자인 할머니들도 대부분의 한국 국민들도 '일본 총리가 공식 사죄했다'고 인식할 것이다.

어쩌면 총리가 할머니들을 직접 찾아가면 할머니들에게 매도당할 수도 있다. 그러나 그것이 어쨌다는 것인가. 할머니들이 위안소에서 그리고 그 후의 인생에서 겪은 일들을 생각하면 일본 정부에 분노를 직접 쏟아낼 권리는 당연히 있다. 매도 정도는 감수해야 한다.

아사히신문 때리기 그 후

전 아사히신문 기자인 우에무라 다카시 씨는 2015년 1월 자신이 과거에 쓴 기사를 '날조'라고 보도한 니시오카 쓰토무(西岡力) 도쿄기독교대학 교수와 출판사에 대해 손해 배상과 사죄 광고 게재를 요구하며 도쿄지방법원에 제소했다. 또 같은 해 2월에는 저널리스트 사쿠라이 요시코 씨를 상대로 삿포로지방법원에 제소했다.

사쿠라이 요시코 씨를 상대로 한 재판에서는 제1심에서 삿포로지방법원은 2018년 11월 9일 원고 우에무라 전 기자의 청구를 기각하는 판결을 선고했다. 판결은 우에무라 씨의 기사를 '날조' 등으로 기재한 사쿠라이 씨의 논문에 대해서 우에무라 씨의 사회적 평가를 저하시켰다고 인정하는 한편, 우에무라 씨가 사실과 다른 기사를 굳이 집필했다고 사쿠라이 씨가 믿었다고 해도 그것에는 '상당한 이유가 있다'고 인정했다.

우에무라 전 기자와 변호인단은 이날의 판결에 대해서 '우에무라 씨가 굳이 사실과 다른 기사를 집필했다고 사쿠라이 씨가 믿었다는 재판소의 판단에는 논리의 비약이 있다'며 삿포로고등법원에 항소했다. 그러나 2020년 3월 3일, 삿포로고등법원은 우에무라 전 기자 측의 항소를 기각했다. 우에무라 씨는 최고법원(대법원)에 상고했다.

한편 제1심에서 승소한 사쿠라이 요시코 씨는 2018년 11월 16일 기자 회견을 갖고 다음과 같이 말했다.

"어떠한 사정이 있든 위안부가 된 여성들에 대해서는 저는 진심으로 동정하고 이런 일이 앞으로 두 번 다시 일어나서는 안된다고 생각하고 있습니다. 어떠한 사정이 있든 아직도 이 매춘이라는 것이 세계 각지에서 일어나고 있는 것에 대해서 여성의 인권에 대한 침해라는 노여움은 저도 강하게 가지고 있습니다. 이런 점에서 여성의 인권은 더욱 제대로 지켜져야 한다고 굳게 믿고 있습니다. 하지만 그것과 일본군이 여성들을 강제연행하고 성노예로 삼았다는 잘못된 보도를 용서하는 것은 전혀 다른 일이라고 생각하고 있습니다."

 사쿠라이 씨는 위안부가 당한 성폭력 피해를 일반적인 매춘과 같은 것처럼 말했다. 그리고 '강제연행은 없었다' '위안부는 성노예가 아니다'라고 주장하고 있다. 이러한 주장이 보수파의 저명한 논객의 입에서 나오고 보수파를 중심으로 하는 많은 사람들이 진심으로 그것을 믿고 있는 것이 일본의 현 상황이다.
 또한 우에무라 씨가 자신의 기사에 대해 주간지에 '날조'라고 보도한 니시오카 쓰토무 교수를 상대로 제기한 소송의 도쿄지방법원 재판에서도 2019년 6월 26일 우에무라 씨 패소의 판결이 내려졌다. 우에무라 씨는 2심의 도쿄고등법원에서도 패소하여, 이 재판에서도 역시 대법원에 상고했다.

5
위안부 문제와 관련 깊은 어느 일본 여성

'팔로업 사업'

2014년 가을, 나는 위안부 문제에 깊게 관계하고 있는 한 일본 여성과 만났다. 가가와현(香川縣) 마루가메시(丸亀市)에 거주하는 우스키 게이코(臼杵敬子) 씨이다. 1948년생인 우스키 씨는 일본 NPO의 대표이사이다.

우스키 씨는 다른 스태프들과 함께 1년에 약 다섯 번 정도 한국을 방문해서 위안부 할머니들에게 지원금이나 일용품을 지급하고 할머니들의 이야기 상대도 하는 '순회 케어'를 실시해 왔다.

우스키 씨와 스태프들의 이 활동은 민간단체로서 독자적으로 하는 일이 아니라 일본 정부의 공적 사업으로, 일본 외무성이 우스키 씨의 NPO에 업무 위탁하는 형식으로 실시된 것이었다. '아시아여성기금'이 해산된 후에도 위안부 할머니들에 대한 지원을 이어가자는 취지로 '아시아여성기금 팔로업(follow-up) 사업'이라는 명칭을 붙였다.

'아시아여성기금'이란, 일본 정부가 1995년에 위안부 피해자 할머니들에 대한 '사과금(atonement money)[1]'의 지급을 중심으로 하는 사업을 모금과 일본 정부의 출자에 의해서 실시하는 것을 목적으로 설립한 재단 법인으로, 출범 12년 후인 2007년에 해산되었다.

일본 외무성 아시아 대양주국 지역정책과는 '팔로업 사업'에 대해 "해산된 '아시아여성기금'의 활동을 통해 구축된 각국 관계자와의 네트워크를 활용하여 외부 단체 또는 개인에게 업무를 위탁해 기금이 실시해 온 사업을 적절하게 보완하는 것을 목적으로 하는 사업이다."라고 설명했다.

'팔로업 사업'은 우스키 씨의 활동과는 별도로 '아시아여성기금'의 사업 대상 지역이었던 대만이나 필리핀에서도 실시되었다. 활동 비용은 물론 일본 정부 예산에서 조달되었다.

나는 2015년 9월 한국에서 실시된 '팔로업 사업'의 '순회 케어'를 동행 취재하였다. 이때의 순회 케어에는 우스키 씨와 같은 NPO의 스태프인 하라다 신이치(原田信一) 씨, 보도 사진가이자 저널리스트인 가쓰야마 히로스케(勝山泰佑) 씨, 그리고 태평양전쟁희생자 전남동부 유족회 김정임 회장이 동행했다. '순회 케어'는 이 멤버로 하는 경우가 많았다. 한국 각지를 이동하기 위한 승합차의 운전기사는 이 '순회 케어'의 일을 오랫동안 맡아 와 길이나 활동 내용을 숙지한 김종환 씨였다.

---

[1] 아시아여성기금이 피해자에게 지급한 '償い金(atonement money)'의 한국어 명칭에 대해서는 기금의 공식 번역어인 '사과금'을 사용하기로 한다.

"빨리 죽고 싶다"

"할머니! 할머니! 늦어서 미안해요."

아파트 방 입구에 우스키 씨의 큰 목소리가 울렸다. 2015년 9월 19일 일행은 서울 강서구 마곡동의 아파트에 사는 김경순 할머니를 찾았다. '팔로업 사업'의 일환으로 한 '순회 케어'였다. 김경순 할머니는 침대에 누워 있었다.

우스키 씨는 "예쁘게 하고 계시네요."하고 말을 건네며 손을 잡아 할머니의 몸을 일으켜 세웠다. 김경순 할머니는 와병 중이었지만 모자를 쓰고 바로 외출할 수 있는 복장으로 우스키씨 일행들의 도착을 기다리고 있었다. 우스키 씨 일행들이 순회 케어를 가면 미리 미용실에 가서 몸치장을 예쁘게 하고 기다리는 할머니들이 많다고 한다. 한복을 곱게 입고 기다리는 할머니도 있다고 한다.

김경순 할머니는 우스키 씨를 보고 느린 말투로 "보고 싶었어. 보고 싶었어."하며 미소를 지었다. 서로 어깨를 얼싸안는 두 사람은 만난 지 25년이 되었다. 우스키 씨가 할머니의 건강을 염려하면서 말했다.

"괜찮은 것 같네요, 얼굴 보니까."
"괜찮아. 근데 걸음은 못 걸어."
"오늘은 설렁탕 갖고 왔어요."

동행한 하라다 씨가 설렁탕이 든 종이백을 들어올리며 보여 주자 할머니가 천천히 웃었다.

"하하하, 설렁탕 좋아한다."

설렁탕은 아파트를 방문하기 전에 서울 시내의 가게에서 산 것이었다. 우스키 씨는 의료복지 지원으로서 약이나 수십만 원의 돈을 할머니에게 지급했다. 돈을 건네받은 김경순 할머니가 고맙고 미안하다는 듯이 말했다.

"아아 이렇게 올 때마다 줘서…"
"아니, 일본 정부가 주라고 하니까 가지고 온 거예요."
"미안하다. 고맙게도."

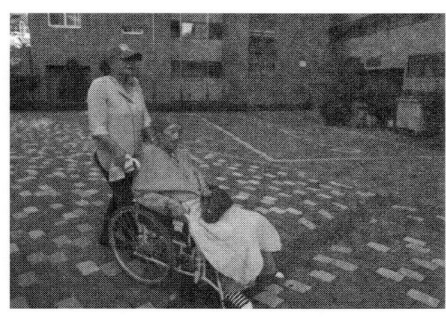

오후 4시가 지났는데도 밖은 아직 밝았다. 날씨도 좋아 김경순 할머니를 휠체어에 태우고 아파트 단지 안을 걷기로 했다. 바람이 약간 세게 불었다. 아파트의 정원에 휠체어를 세우고 우스키 씨가 할머니의 눈에 안약을 넣었다.

김경순 할머니에게 우스키 씨가 어떤 존재인지 물어봤다.

"어떤 사람이냐고? 은인, 은인, 은인."
"은인? 왜요?"
"뭐 있으면 많이 갖다 주고, 뭐 먹일라 그러고. 그러니까 은인."

김경순 할머니는 그렇게 말하고 우스키 씨의 손을 잡았다. 내가 일본 정부에 하고 싶은 말은 없냐고 물어보자 김경순 할머니는 "아무것도 없다. 옛날 일이니까 다 잊어 버렸다."라고 말할 뿐이었다. 우리 취재팀에 대해서도 "와 줘서 고맙다."라는 말만 했다. 이제 일본에 기대하는 것이 아무것도 없으며 단지 지쳐 있다는 느낌이었다.

"많이 아파요. 다리도 그렇고, 몸도 그렇고, 눈도 안 보여. 어서 죽어야 돼. 하하하. 하고 싶은 거? 죽는 거밖에 없어."

조용히 웃으며 그렇게 말했지만, 그래도 김경순 할머니는 1년에 몇 번밖에 없는 우스키 씨의 방문을 늘 기대하고 있는 것 같았다. 할머니는 우스키 씨에게 이렇게 말했다.

"밥 먹어서 좋아, 정말 많이 받아서 좋고, 금방일(다음에) 내가 줄 게. 빨리 와."
"네, 고맙습니다."

김경순 할머니는 우스키 씨에게 "옷 사 주고 싶다. 옷 사러 가자."라고 말했다.
그렇게 말한 김경순 할머니는 우리가 취재하고 불과 5개월 후, 2016년 2월 20일 세상을 떠났다. 돌아가시기 전날, 우스키 게이코 씨는 김경순 할머니를 찾아갔다. 그때는 이미 의식이 없는 상태였지만, 우스키 씨가 손을 잡자 김경순 할머니는 우스키 씨의 손을 꽉 잡았다고 한다.

일본 외무성의 '팔로업 사업'은 '아시아여성기금'이 해산한 이듬해인 2008년에 시작됐다. 이 사업에 대해서는 그동안 거의 보도가 되지 않았고 방송국 카메라에 의한 취재는 우리가 처음이었다. 우스키 씨 일행은 한 번의 한국 방문 때 10명에서 15명의 위안부 피해자를 방문한다. 우리가 취재한 2015년도는 한국에서의 '팔로업 사업'에 1120만 엔(약 1억 1200만 원)의 예산이 할당되었다.

일본에서 가져오는 물건은 현금 이외에도 안약이나 파스, 일회용 손난로, 마스크, 면봉 등 생활용품이다. 우스키 씨가 살고 있는 가가와현의 명물 사누키우동은 할머니들에게 인기였다. 우스키 씨는 한정된 예산 안에서 뭐가 필요한지 그때마다 생각하며 물품을 구입하고, 또 할머니들이 어떤 것을 원하는지 직접 묻고 사 오기도 한다. 물품 구입비는 한국 방문 한 번당 7만 엔(약 70만 원) 이내로 잡았다.

할머니의 식욕이 떨어졌다고 들으면 갈비탕이나 설렁탕 등 그 할머니가 좋아하는 음식을 포장해서 가져가기도 한다. 심장병의 치료약처럼 처방에 주의가 필요한 약은 가져가지 않는다.

우스키 씨와 할머니들과의 인연

우스키 게이코 씨와 위안부 피해자 할머니들의 인연은 1984년도에 시작되었다. 우스키 씨는 한국의 한 여성주간지 편집장의 소개로 전 일본군 위안부였던 베트남에 사는 배애자라는 여성을 취재했다. 배애자 씨의 이야기는 일본 방송에서도 소개되었다. 그것이 위안부였던 여성과의 첫 만남이었다. 다만 우스키 씨는 이 시점에서는 위안부였던 여성들에게 보상을 해야 한다는 의식은 없었다고 한다.

그러나 우스키 씨는 그 뒤 어떤 한 취재를 계기로 위안부들에 대한 본격적인 지원에 나서게 된다. 1990년 여름, 태평양 전쟁에서 희생된 한국인 유족들이 결성한 '태평양전쟁희생자유족회'가 부산의 일본 총영사관에서 서울의 일본 대사관까지 약 500킬로미터를 걸어서 행진했다. 유가족들은 일본 정부에 대해 보상이나 희생자의 유해발굴 등을 요구하면서 약 1개월을 걸어 서울에 도착했다. 그들 중에는 세상을 떠난 가족의 영정을 안고 참여한 사람도 있었다. 일본 방송국으로부터 의뢰를 받아 시위행진을 취재한 우스키 씨는 유족회 사람들에게 마이크를 돌려가며 이야기를 들었다.

"그 대행진의 취재에서 저는 유족들의 목소리를 처음으로 들었습니다. 그때까지 저는 그렇게 깊이 생각한 적이 없어서 그런 문제는 한일 협정으로 다 해결된 거라고 생각하고 있었습니다. 하지만 행진하는 유가족들을 인터뷰하고 다녀보니, 일제시대에 자기 아버지가 해군에 끌려가서 여태까지도 돌아오지 않고 있다, 아직 생사확인조차 못 하고 있다, 이런 사람이 많이 있다는 것을 알게 되었어요."

1965년 한일 기본 조약과 한일 청구권 협정으로 일제시대의 보상 문제는 다 해결됐다는 것이 일본 정부의 일관된 입장이다. 한국 정부는 한일 청구권 협정에 따라 일본이

무상 공여한 3억 달러의 일부를 피징용 사망자 유족보상 등에 배정하고 1977년까지 지급했다. 그러나 한국의 옛 경제기획원이 펴낸 〈청구권 자금 백서〉에 따르면 보상의 대상이 된 피징용 사망자는 9,546명에 불과하며 유족에게 지급된 보상액은 한 사람당 불과 30만 원이었다.

태평양전쟁희생자유족회에 따르면 일제시대 전쟁터에 끌려간 한국인 중 생사확인이 안 된 사람은 44만 명이나 있다. 우스키 씨는 그때의 심정을 이렇게 말했다.

"전후 수십 년이나 지났는데도 방치된 채였어요. 제가 생각한 것은 한일 협정으로는 아무것도 해결되지 않았다는 것이었습니다."

우스키 씨는 그 시위를 취재하면서 유족들이 조만간 일본 정부를 상대로 민사소송을 제기하려고 준비하고 있는 것을 알았다. 유족회는 처음에 변호사 없이 재판을 하려고 했지만 일본국을 상대로 대규모 재판을 하는데 변호사 없이는 역시 어려운 일이었다. 우스키 씨는 일본에서 변호사를 찾는 일 등을 도와 주다가 어느덧 취재자로서의 입장을 넘어 유족회 사람들을 지원하게 되었다.

"어쩌다 보니 손을 뗄 수 없게 됐어요. 저는 취재만 하면 된다고 생각하고 있었는데 어느새 대단한 일을 맡게 돼 버렸죠. 뭐 그렇게 된 거예요."

그냥 어쩌다 보니 맡은 것 치고는 일이 너무 컸다. 그래도 우스키 씨는 1990년 12월 「일본의 전후 책임을 확실하게 하는 모임(핫키리회)」를 설립하고 원고들의 지원 활동에 본격적으로 뛰어들었다. '핫키리'는 일본어로 '확실히' '명확히'라는 뜻이다. 당시 발행된 「핫키리회」의 기관지 〈핫키리통신〉 창간호에는 이렇게 쓰여 있다.

"이 소송 배경에는 지금도 군인·군속, 징용된 사람들 약 44만 명의 생사확인이 방치된 채라는 것, 또한 전사자 유해발굴, 반환이 등한시되고 있다는 것, 그리고 일본 정부의 성의 있는 사과와 보상도 이루어지지 않았다는 것이 있습니다. (중략) 우리는 이 문제를 전후 45년간 잊어 온 기본적 문제라고 다시 파악하여, 직접 한국 등 아시아의 유족·희생자들과 손을 맞잡고 제대로 된 전후 처리를 일본 정부에 요구해 나가겠다고 결의하는 것입니다."

그 후 1991년 12월 6일 태평양 전쟁 중 일본군 군인·군속이었던 한국인이나 그 유족들 35명이 일본 정부에 대해 한 명당 2000만 엔의 보상을 요구하며 도쿄지방법원에 제소했다. 원고 35명 중에는 전 위안부 3명이 포함되어 있었다. 이 재판이 우스키 게이코 씨와 위안부였던 여성들과의 본격적인 관계의 시작이었다. 전 위안부 원고는 그 후 늘어나서 최종적으로는 6명이 되었다.

이 재판은 원래 군인·군속이었던 사람들과 그 유족들이 중심이 되어 제기한 것이었는데, 원고단에 위안부였던 여성들이 참가함으로써 일본 언론들은 위안부에 더 많은 관심을 기울이게 되었다.

원고의 한 사람이자 위안부 피해자로서 나선 김학순 할머니(1924~1997)는 제소 다음날, 도쿄에서 기자 회견을 했다. 김학순 할머니는 카메라 앞에서 "제 청춘을 돌려주세요. 일본인 때문에 이런 상태가 돼 버려 50년 동안 눈물로 살았습니다. 저를 열일곱 살 때로 돌려보내 주세요."라고 눈물을 훔치며 호소했다.

제소 직후에 발행된 〈핫키리통신〉 1991년 12월 12일자에는 이렇게 쓰여 있다.

"이번 재판에서 전 군인·군속·군대 위안부 35명이 바라는 것은 배상금으로서 한 명당 2000만 엔을 지불하라는 것입니다. 그러나 물론, 원고가 정말 바라는 것은 배상금 자체가 아니라 일본 정부에 과거의 범죄를 인정하게 하고 그것에 대해 진지하게 반성시키는 것 이외의 아무것도 아닙니다. 이 한국으로부터의 호소에 대해 우리도 온 힘을 다해 재판을 지원하고 싸워 나가겠습니다."

일본 정부는 유골수집이나 실종자 조사는커녕 한국인 전몰자의 명단 공개조차 거부하고 있었다. 유족들이 '전쟁은 끝나지 않았다'고 호소한 것은 당연한 일이었다.

그러나 제소하고 10년 후인 2001년 3월 26일 제1심 도쿄지방법원은 원고들의 청구를 기각하는 판결을 내렸다. 판결은 "(일본이)1939년 9월 이후 조선에서 일본 국내로 노무 동원하여 다수의 조선인이 강제적으로 연행되었다."라는 사실을 인정하고, 위안부의 모집에 대해서도 일본군 당국의 요청을 받은 위안소 경영자의 청탁에 의해, 업자가

"감언이설로, 혹은 사기, 강박에 의해 본인들의 의사에 반하여" 모은 사례가 많았다는 사실도 인정했다.

하지만, 보상이나 배상에 대해서는 "개인이 국제법을 근거로 하여 다른 국가(일본)에 대한 권리를 행사하는 것은 고려되지 않는다."라고 하여 원고의 청구를 기각했다. 또 일본 국적을 가지는 것을 보상을 받을 수 있는 요건으로 규정한 일본의 은급법[2] 등의 '국적조항'에 대해서도 "당장 헌법에 위반된다고 할 수는 없다."라고 했다.

원고들은 도쿄고등법원에 항소했지만 2003년 기각되었고, 2004년 11월 29일 최고재판소(대법원)가 상고를 기각함으로써 원고 패소가 확정되었다. 제소부터 판결 확정까지 13년이나 걸려, 이 법정 투쟁 도중에 김학순 할머니와 문옥주 할머니가 돌아가셨다.

'아시아여성기금'은 실패였을까

무라야마 도미이치(村山富市)정부 아래에서 1995년에 출범한 '아시아여성기금'은 위안부였던 사람들에게 민간 모금과 정부의 출자금으로 사과금과 의료복지 지원금을 지급하고, 내각 총리대신의 사죄의 편지를 전하는 사업이었다. 한국의 경우 피해자 한 명당 지급액은 500만 엔(약 5천만 원)이었다.

---

[2] 恩給法 옛 군인 등이 공무로 인하여 사망 혹은 공무에 의한 상병으로 퇴직한 경우, 본인 및 유족에게 일본 정부가 연금을 지급하는 '은급제도'를 정한 법률

그러나 한국의 지원 단체나 많은 할머니들은 이 기금이 민간의 모금에 의해서 조달되는 점에 강경하게 반발하며 '일본에 의한 정식 배상이 아니면 절대 받아들일 수 없다' 고 항의했다. 한 할머니는 텔레비전 카메라 앞에서 "우리는 죽어도 기금에 반대합니다."라고 호소했다.

우스키 게이코 씨와 '핫키리회'도 당초 이 '아시아여성기금'의 구상에 강력히 반대하고 있었다. 위안부에게 지급하는 돈은 민간 모금이 아니라, 어디까지나 국가 예산에 의한 보상이나 배상이어야 한다고 생각했기 때문이다. '핫키리회'는 기관 잡지 등을 통해서도 '국가의 책임 없는 민간 기금을 거부한다' '민간 기금 강행은 용서 안 한다'고 기금 구상을 강하게 비판했다.

하지만 '아시아여성기금'의 출범이 다가오자 핫키리회 안에서도 의견이 갈렸다. "민간 기금 구상은 전면 백지화해야 한다."라는 꿋꿋한 의견이 있는 반면, "어차피 출범한다고 하니까 기금에 대해 개선을 요구하면서 개인 보상으로 이어지는 길을 찾는 것이 더 현실적이다."라는 의견도 있었다.

1995년 8월 '아시아여성기금'이 실질적으로 출범하자, 우스키 게이코 씨와 동료들은 '핫키리회' 멤버인 하라다 신이치 씨, 그리고 함께 활동하고 있던 노동조합 간부를 기금 사무국에 파견했다. 그렇다고 '아시아여성기금'을 전면적으로 인정한 것은 아니었다. 기금 내부에서도 개선을 요청하고 국가 예산의 거출을 요구하는 전략으로 전환한 것이다. 이른바 적의 품에 파고드는 이 전략에 대해서는 '핫키리회' 내부에서도 강경한 반대 의견이 있었다. 당시 우스키 게이코 씨는 이에 대해 '핫키리회'의 회보인 〈핫키리뉴스〉 1995년 9월 12일호에서 아래와 같이 설명했다.

"여성기금의 근본적인 형태에 찬성할 수 있는 것도 아니지만, 현실적인 대안이 없는 이상 방치할 수도 없습니다. (중략) 핫키리회 사무국에서도 획을 그어야 한다는 강한 목소리가 있었지만, 여성기금이 낙하산 관료에 의해서 운영되어 내실을 공동화시키면 아무 소용도 없게 되니 결국 힘든 결단을 하게 된 거죠. 당연히 다른 단체로부터의 강한 비판도 각오한 것입니다."

국가에 의한 불법행위는 당연히 국가가 보상해야 한다. 일찍이 아시아의 민중에게 총칼을 들이대고, 위안소 앞에 줄을 선 사람들은 우리들의 아버지나 할아버지 세대의 일본 국민이다. 그러므로 위안부 문제에 대해서는 일본 정부뿐만 아니라 일본 국민에게도 가해자로서의 책임이 있다. 민간 기금에는 일본 국민 자신이 전후(戰後) 책임에 대해 생각하고, 피해자에게 진심으로 사죄하는 마음을 전하는 의미가 있다. 기금은 민간이 국가의 책임을 대신 떠맡는 것이 아니라 '민간의 전쟁 책임'을 다하는 것이다, 우스키 씨는 그렇게도 생각했다.

우스키 씨와 동료들은 국가 책임에 의거한 정부 예산의 거출 요구를 취하한 것이 아니었다. '민간이 돈을 내니 정부도 내는 것이 당연하다'고 정부에 재촉하려는 의도도 있었다.

"나라(일본)가 거출하는 '의료복지금'도 처음에는 (피해자 한 명당) 70만 엔 정도였어요. 그걸 300만 엔까지 끌어올리는 데 여러 가지 막후 협상들이 있었어요. 뭐가 바른 길인가라는 것보다 할머니들이 살아 계시는 동안에 획득물이 있어야 되죠. (획득물이)충분하지 않을지도 모르지만, 획득물이 제로라도 좋다는 건 아닙니다. '올 오어 나싱(All or nothing)'으로는 안됩니다."

그리고 우스키 씨는 '아시아여성기금'으로부터 돈을 받을지 안 받을지는 실제로 피해를 당한 당사자인 할머니들이 스스로 결정할 일로, 지원자나 운동 단체가 결정할 일이 아니라는 방침을 관철했다. '아시아여성기금'의 내부에 관여함으로써 받을 다른 단체로부터의 강한 비판도 각오하고 있다고 한 우스키 씨였지만, '강한 비판'은 나중에 상상하지 못한 형태로 나타났다.

갑작스러운 '입국제재'

1997년 7월 일본 외무성에서 우스키 게이코 씨에게 연락이 왔다. 한국 정부가 7월 14일 우스키 씨의 한국 입국을 금지했다는 것이다. 얼마 후, 주일본 한국 대사관의 담당자가 우스키 씨에게 만나자고 하여 도쿄 도내에서 만났다. 검찰 출신이라는 그 담당자는 우스키 씨를 입국 금지한 이유에 대해 '자격외활동을 했으므로'라고 설명했다. 우스키 씨가 관광 명목으로 한국에 입국해서 위안부 피해자 할머니들과 만난 것이 문제라고 한다.

우스키 씨의 입국 금지 조치에 대해 연합통신은 1997년 7월 23일, 다음과 같이 보도했다.

"日 아시아여성기금 관계자 입국제재 조치

(서울=연합) 일본이 일제시대 軍위안부 피해자 보상을 위해 설립한 아시아여성기금 관계자 2명에 대해 우리 정부가 최근 사실상의 입국 금지 조치를 내린 것으로 밝혀졌다.

정부 관계자는 24일 올 초 관광 비자로 입국한 뒤 위안부 피해자들을 극비 접촉, 7명의 할머니들에게 아시아여성기금의 '위로금'을 전달한 우스키 게이코씨(여)와 재일 교포 朴모씨(여)등 2명을 최근 '비자발급 심사대상자'에 포함시켰다고 밝혔다.

우스키 씨 등에 대한 이같은 조치는 한국정신대문제대책협의회(공동대표 尹貞玉)의 요청에 따른 것으로 비자발급 심사 대상자로 선정되면 사실상 비자를 발급받기가 어려워 이들이 자유롭게 국내를 드나들면서 위안부 피해자들을 만날 수 없을 것으로 보인다."

연합통신의 기사에 따르면 우스키 씨가 '아시아여성기금'의 돈을 받으라고 할머니들을 설득하러 다니고 있다고 생각한 한국의 위안부 피해자 지원 단체가 우스키 씨를 입국시키지 않도록 한국 정부에 요청했고 정부가 이에 응했다고 한다.

그러나 우스키 씨는 "'아시아여성기금'의 돈을 받으라고 할머니들을 설득한 적은 한 번도 없다."라고 반박했다. 돈을 받을지 말지를 결정하는 것은 어디까지나 피해 당사자인 할머니들이라고 생각하고 있었기 때문이다.

"저는 할머니들에게 돈을 받으시라고 말한 적은 한 번도 없습니다. 다만 받는 조건으로서 뭐가 필요한가라는 이야기가 나오면 그걸 정확히 가르쳐 드리는 것이 제 역할이라고 생각하고 있었습니다. 받을지 안 받을지, 그건 할머니들 개인이 결정할 부분이니까요."

한국 정부에 의한 입국 금지 조치는 '핫키리회'가 지원했던 '태평양전쟁희생자유족회'의 회원들을 당황시켰다. 유족들은 "이 조치는 유족회가 추진해 온 일본에 대한 재판을 방해하는 것이다. 우스키 씨는 재판을 물심양면으로 지원하고 노력해 왔다."라며 입국 금지 조치의 해제를 요구하는 탄원서를 한국 정부에 보냈다. 또 위안부 피해자 할머니들 중에서도 이 입국 금지 조치에 대해 한국 외무부(당시)에 직접 항의한 분들도 있었다고 한다. 그러나 우스키 게이코 씨에 대한 입국 금지 조치는 1999년 9월까지 2년 2개월 동안 계속되었다.

우스키 게이코 씨의 말로는 입국 금지 조치를 해제할 때 한국 정부는 우스키 씨에게 '반성문'을 요구했다고 한다. 이에 우스키 씨는 마지못해 응했다고 한다.

"'할머니들과는 가급적 만나지 않도록 하겠습니다'라고 적어 보냈는데, 나중에 어떻게 되든 이제 모르겠다고 (웃음)."

'아시아여성기금'이 한국에서 사업을 마친 2002년까지 사과금을 받은 한국의 위안부 피해자는 60명이었다. 위안부 피해자의 생존자 수는 사망이나 새로운 인정에 의해서 변하기 때문에 어느 시점의 인원수를 모수로 할 것인지를 정하는 것은 어렵지만, 한국 정부가 발표한 2002년 11월 시점의 생존자 수 '135명'을 모수로 한다면 '아시아여성기금'의 사죄금을 받은 위안부 피해자 생존자는 44퍼센트였다.

화가 나는 할머니

앞서 기술했던 것처럼 2008년에 시작된 일본 정부의 '팔로업 사업'은 '아시아여성기금'이 해산된 뒤에도 계속해서 위안부 피해자들에 대한 케어를 실시하는 사업이다. '아시아여성기금'의 '사과금'을 받았는지 안 받았는지에 상관없이 위안부 피해 할머니들을 팔로업의 대상으로 삼았다.

우리가 우스키 씨 일행을 동행 취재한 2015년 9월 19일, 이날 A할머니는 매우 기분이 나빴다. 우스키 씨와 그 일행의 방문이 예정보다 많이 늦었기 때문에 화가 난 것이다. A할머니의 아파트에 도착하자마자 우스키 씨는 가져온 음식과 일용품 등을 건넸다.

"할머니, 우동 좋아해요? 우동 좋아하시냐고. 일본에서 가지고 왔어요. 우리 고향(가가와현)의 우동집 거. 아주 맛있어요."
"먹도 않아."

"그래도 한번 드십시오."

A할머니의 기분은 좀처럼 풀어지지 않았다. 우스키 씨가 일본에서 가져온 마스크를 손짓으로 '필요 없다'고 거부했고, 파스 상자도 던져 버렸다. 자세히 보니 A할머니는 외출복 같은 새하얀 옷을 입고 우스키 씨를 기다리고 있었다. 우스키 씨 일행의 방문을 내심 즐거운 마음으로 기다리고 있었던 것이다. 아무튼 내가 말을 건넬 수 있는 분위기는 아니었다. 우스키 씨가 우리 대신 할머니에게 물었다.

"일본 사람들한테 하고 싶은 말 하세요."
"일본 놈들한테 뭐 할 말이 없어. 난 정신이 없어서 아무것도 몰라."

A할머니의 왼팔은 크게 굽어 있어 곧게 펼 수 없었다. 위안소에 있을 때 부러진 것이다.

"일본 놈이 비틀었다. 말 들으라고 하는데, 안 그랬어. 그래서 비틀어가지고, 이렇게 뿌지러서 (왼팔이) 죽었었어."

A할머니의 딸의 말로는 골절된 후에 치료를 받지 못해 팔이 구부러진 채로 굳어져 버렸다는 것이었다.

"옛날 사진을 보고 생각날 때도 있어요?"
"몰라. 다 잊어버렸어. 와카리마셍 (모르겠어요)."

우스키 씨가 '의료 지원금'으로서 20만 원을 A할머니에게 건네고, 할머니가 영수증에 사인을 했다. 우스키 씨는 할머니가 쓰는 그 서명의 글씨를 지켜보고 있었다. 할머니가 힘이 없을 때는 글씨도 힘이 없어지기 때문이다.

우리는 A할머니가 피해를 당한 당시의 이야기를 직접 듣고 싶었지만 A할머니는 거의 말해 주지 않았다. A할머니가 말한 것은 그때는 하여튼 배가 고팠다는 말 정도였다. 요즘에는 밤마다 잠이 안 와서 약을 먹어도 효과가 없다고 한다.

"다리를 봐. 이렇게 말랐어. 잠이 안 와서. 만져 봐. 뼈다구만 남았다."

우스키 씨가 A할머니의 발을 어루만졌다. 우스키 씨와 이야기하다가 A할머니의 기분도 점점 풀어졌다. 그때 A할머니가 갑자기 일어나서 걷기 시작했다. 우스키 씨가 놀라서 물었다.

"어디로 가는 거예요?"

A할머니 대신에 딸이 웃으며 대답한다.

"서면 이렇게 잘 선대요. 엄마, 앉아 앉아. 그렇게 안 해도 돼요. 선다 이거야."

딸도 신기한 듯 말했다.

"저번에는 살 빠지고 여름에 제대로 못 섰었어요. 근데 이제 설 수 있다고요. 오늘따라 이상하네. 왜 그래요? 어제까지만 해도 안 그랬는데. 사람들이 많이 오니까?"

할머니는 서서 팔을 힘차게 흔들며 방안을 서성거렸다. 우스키 씨의 방문이 A할머니에게 활력을 준 것처럼 보였다. 헤어질 때 A할머니는 "일본은 나 죽기 전에 다음 달이라도 얼른 돈 가져 와."라고 큰 소리로 일본 정부에 배상을 요구했다. 그러면서도 우스키 씨와 우리에게 "또 와. 자꾸 와. 나 죽기 전에 자꾸 와."라고 말해 줬다.

우스키 씨가 1991년의 재판을 계기로 위안부 할머니들의 지원을 본격적으로 시작한 지 약 30년이 되었다. 우스키 씨 자신도 할머니들과 인연이 이렇게까지 길어질 줄은 몰랐다고 한다.

"일본이다, 한국이다, 그런 것보다는 제 옆에 있는 할머니들이 차별당하고 백안시당하면서 과거의 무거운 역사가 계속 이어지고 있다, 그걸 어떻게든 해 주고 싶다는 마음 때문에 (지원 활동을)이렇게 오랫동안 계속하고 있는 거라고 생각합니다. (위안부 피해자 할머니들은)제 진짜 할머니 같은 존재이고, 우리 친척, 우리 가족이라는 마음이 그렇게 시키고 있다고 생각합니다."

할머니들은 위안소에서 말로 다할수 없는 가혹한 시간을 보냈을 뿐만 아니라 해방 후에도 차별과 편견에 시달려 왔다. 과거의 끔찍한 기억은 지금도 할머니들을 덮친다.

"저도 자주 할머니 옆에서 잤는데, 옆에서 할머니가 가위눌리는 거예요. 소리지른다고 할까, 발버둥친다고 할까. 악몽이 아직 남아 있어요. '남들처럼 살 수 있었다면 나도 지금쯤 손자가 있었을 텐데'라고 생각하는 할머니도 있었고요. 지금도 밤에 잠 못 이루는 사람들이 많아요."

우스키 씨가 그동안 만난 위안부 피해자 할머니들은 약 60명이다. 친하게 지낸 할머니만 30명 정도 있다. 그 대부분이 이미 세상을 떠났다.

위안부 피해자의 묘들이 줄지어 있는 동산

우스키 게이코 씨 일행과 함께 충청남도 천안시에 있는 국립 망향의 동산을 찾아갔다. 그 한구석에 위안부 피해자들의 무덤이 있다.

"오래간만에 왔어요."

그렇게 말하면서 우스키 씨는 한 무덤 앞에서 큰절을 했다. 묘비에는 한자로 '密陽朴氏福順之墓(밀양박씨복순지묘)'라고 새겨져 있었다. 전 일본군 위안부이자 2005년 2월에 돌아가신 박복순 할머니의 무덤이다. 박복순 할머니의 일본명은 가네다(金田) 기미코라고 했다. 묘비의 뒷면을 보니 건립인으로 우스키 게이코 씨의 이름이 있었다. 박복순 할머니의 무덤을 우스키 씨가 사비로 만든 것이다.

다만 정확히 말하면 건립인의 이름은 '臼杵敬子(우스키 게이코)'가 아니라 한자로 '禹淑姫(우숙희)'라고 새겨져 있었다. 박복순 할머니의 묘를 쓸 때 일본인의 이름으로는 묘비를 세울 수 없다고 해서 우스키 씨는 자신의 성과 발음이 비슷한 '우숙희'라는 한국명을 생각해 낸 것이다.

나는 우스키 씨와 가족처럼 지내던 박복순 할머니에 대한 슬픈 이야기를 들었다. 1990년대 중반, 우스키 씨와 함께 활동을 하고 있었던 한 재일 교포 남성이 도쿄에서 결혼식을 올리게 됐다. 그때 도쿄에 있었던 박복순 할머니도 참석하게 되어, 한복을 입고 결혼식장까지 갔다. 그러나 문득 돌아보니 박복순 할머니의 모습이 없었다고 한다. 당황한 우스키 씨가 도쿄 도내의 자신의 아파트에 가 봤더니 박복순 할머니가 거기에 있었다. 할머니는 결혼식장을 나와서 혼자 아파트에 돌아왔던 것이다. 우스키 씨가 "왜 말도 없이 혼자 돌아왔어요?"라고 묻자 박복순 할머니는 "나 같은 여자는 화려한 자리에 나갈 자격이 없는 거야."라고 대답했다고 한다.

우스키 씨가 그때를 회상하며 말했다.

"저는 '말도 안돼'라는 식으로 말을 했는데 역시 할머니는 그런 자리에 있는 것이 괴로웠던 것 같네요."

박복순 할머니가 돌아가신 지 10년, 망향의 동산에서 우스키 씨는 무릎을 꿇고 앉아 무덤을 향해 말했다.

"어때요? 지금 무슨 말 하고 싶어요? 아이고……혼자서

외로웠고요? 우리 엄마도 갔으니까 하늘나라에서 우리 엄마 만나 잘 지내세요."

즐거운 '집단 케어'

2015년 9월 하순 위안부 피해자 할머니 3명은 우스키 씨의 인솔로 충남 안면도를 여행했다. 이러한 '집단 케어'도 '팔로업 사업'의 일환이다. 해안 가까이에 있는 콘도는 방에 부엌이 딸려 있어 우스키 씨가 항구의 수산 시장에서 사 온 새우를 볶고 꽃게를 삶았다. 감자샐러드도 만들었다. 방에 맛있는 냄새가 퍼졌다. 콘도 방바닥에 신문지를 깔고 모두가 진수성찬을 가운데에 놓고 둘러앉았다. 할머니들은 여행지에서는 식욕이 왕성해져 불고기나 생선요리도 정말 많이 먹었다.

동행 취재를 한 내가 안면도 여행에 참가한 할머니들에게 우스키 씨는 어떤 사람인지 물어봤더니 할머니들은 입을 모아 이렇게 말했다.

"우스키상은 잘해 주지."
"그렇죠. 잘해 줘."
"좋은 사람이지."
"거짓말 안 하고."
"할머니들을 사랑하고."
"일본 사람 치고는 우스키상은 최고야."
―― 가끔은 싸우지 않아요?

"아니, 누가 싸워?"

그동안 우스키 씨와 NPO스태프들은 할머니들을 모시고 제주도나 부산, 강원도의 리조트 관광지 등 여러 곳을 여행했다. 할머니들은 여행 전날 밤 기대돼서 잠을 설치는 경우도 있다고 한다. 안면도 여행에 참가한 할머니들을 보니 정말 기운이 넘쳐 보였다. B할머니는 여행지에서도 배드민턴을 즐겼다. 90세가 넘는 고령에도 불구하고 매일 아침 한 시간 이상 걸어 5리(약 2킬로미터)를 산책한다고 한다.

그래도 역시 할머니들의 체력은 해마다 떨어지고 있었다. 밤에는 화투를 치는 경우도 있지만 새벽 2시, 3시까지 수다를 떠는 일은 없어졌다. 여행지에서 할머니의 컨디션이 안 좋아져 구급차로 병원으로 이송한 적도 있었다고 한다.

"신발 하나 사 줄 게. 예뻐요. 하나 사 줄 게."

B할머니는 그렇게 말하며 우스키 씨와 어깨를 맞대고 콘도의 복도를 걸었다. 마치 모녀 같았다. 여행지에서 할머니들이 일본에 대한 요구 등에 대해 말하는 일은 거의 없지만, 가끔은 심각한 이야기를 우스키 씨에게 할 때도 있다고 한다.

"오늘도 버스 안에서 (할머니들이)말했는데, 일본이 사과도 하지 않고, 아무것도 하지 않는다면 어차피 죽을 테니까 (도쿄의)총리 관저 앞에 가자고. 거기에 주저앉아서 이제 죽을 각오로 하자고 말하는 할머니도 있어요."

"몰라서 못 받았다"

위안부 피해자 할머니들과 우스키 게이코 씨의 관계를 취재하는 과정에서 안타까운 말을 들었다. 우스키 씨가 지원하는 C할머니의 이야기이다. C할머니는 1995년에 출범한 '아시아여성기금'의 '사과금'을 받지 않았다. 아니, 정확히 말하자면 '받고 싶었는데 받을 수가 없었다'는 것이다. C할머니는 우리 앞에서 이렇게 한탄했다.

"('아시아여성기금'에서 '사과금'을) 받은 사람이 있다 그러던데. 나는 보지도 못했고, 듣지도 못했고, 알지도 못해서, 몰라서 못 받았어요. 몰라서. 말 안 해 주면 모르잖아요."

C할머니는 '아시아여성기금'에 대해서 전혀 몰랐었다고 했다. '아시아여성기금'에 의한 '사과금'의 지급이 개시된 것은 1997년 1월이었다. 그 후 일시적으로 사업이 중지된 기간은 있었지만 2002년 5월 신청이 마감될 때까지는 5년의 시간이 있었다. 그동안 아무도 C할머니에게 '아시아여성기금'에 대해 알려 주지 않았다는 것이다. 안타깝게도 C할머니가 우스키 씨를 만난 것은 기금의 사업이 종료된 후였다. 우스키 씨와 좀 더 일찍 만났다면, C할머니가 '아시아여성기금'에 대해 알게 되어 '사과금'을 받을 수 있었을 가능성이 높다.

오해를 살까봐 말하지만, 나는 '아시아여성기금'의 '사과금'을 받았어야 한다는 주장을 하고 싶은 것이 아니다. '아시아여성기금'에 의한 '사과금'의 지급을 받을지 안 받을지에 대해 C할머니가 스스로 판단할 기회가 없었던 것이 문제라고 생각하는 것이다.
우스키 씨가 C할머니를 달래면서 이렇게 말했다.

"한국의 신문에 광고를 크게 냈는데."
"신문은 안 보고."
"61명이 받았다고요."
"근데 난 왜 못 받았어?"
"그 기간에 우리가 만났으면 알 수 있었는데…. 만약에 지금 받을 수 있다면 어떻게 하실래요?"
"받죠. 감사하게 받죠. 아픈 데도 많고 죽을 길인데."

'아시아여성기금'의 '사과금'과 2015년 한일 합의에 기초한 지급금에 대해서 "정식 배상이 아니라 받을 수가 없다."라고 하는 할머니들의 심정은 당연한 것이고, 그 주장에는 정당성이 있다. 그러나 할머니들이 처한 상황과 심정, 생각은 각자 다르다. 이들 돈을 받을 결정을 한 할머니의 의지 또한 존중해야 한다.
적어도 한국 정부와 지원 단체는 '아시아여성기금'의 '사과금' 지급에 대해서 C할머니에게 알려 줬어야 했다. '사과금'을 받는 것이 옳은 것인지 아닌지는 한국 정부나 지원 단체가 정하는 것이 아니다. 그 선택은 피해 당사자 본인의 의사에 맡겼어야 했다.
우스키 씨가 C할머니에게 말했다.

"그러면 만약에 (일본이 돈을)드리겠다고 하면 먼저 받아야 돼."

"네. 근데 내가 힘이, 나이에 없잖아. 90 넘었는데 언제…아이고…."
"아니 한 달 후(2015년 11월)에 아베 수상이 이쪽으로 와서 박근혜 대통령을 만날 예정이니까."
"근데 내가 앞이 없잖아. 90 넘었는데 그걸 바라고? 오늘 죽을지도 모르고 내일 죽을지도 모르는데."

C할머니는 가슴을 주먹으로 치면서 일본어를 섞어 큰 소리로 한탄하기 시작했다.

"그때 전쟁을 위해서라면 다 끌어가서 바쳤잖아요. 그걸 당한 사람이여 우리가. 16살 때 일본 사람한테 끌려가서. 16살이라면 정말 아이잖아! 일본 사람들이 나빠요! 정말로 나빠요! 군인이. 하루에 십 수명이나 (상대를)했어요."
"내가 몇 살인데. 오늘 죽을지 내일 죽을지 모르잖아. 어떻게 기다릴 수 있어."

우스키 씨가 열심히 달랬다.

"부탁하니까 건강 조심해 가지고 1년이라도 되니까 오래 사셔야 돼요."
"살면 어쩔건데."
"아니, 보상금이나 사죄나 받을 수 있겠죠."

그리고 이듬해, C할머니는 2015년 말의 한일 합의를 바탕으로 '화해·치유재단'을 통해 1억 원의 돈을 받았다.

'최악의 마무리' — 해결을 위해서 무엇을 해야 하는가

일본 정부는 '아시아여성기금'의 해산 후에도 '팔로업 사업'을 벌이고 있다는 사실을 홍보하지 않았다. 이 때문에 이 '팔로업 사업'에 대해서는 한일 국민뿐만 아니라 일본 정부 관계자조차 잘 알지 못했다. 2015년 11월 내가 일본 외무성 아시아대양주국 지역정책과에 팔로업 사업에 대해 취재했을 때 담당자인 기획관은 "이거 보도하는 거예요?"라며 난처한 기색을 보였다. 위안부 문제가 한일의 정치적 갈등 현안이 된 가운데, 일본 정부 예산으로 위안부 피해자를 지원하고 있다는 사실이 알려지게 되면 일본 국내에서 비판을 받을까 봐였을까.

한일 양국 정부는 2014년 4월 위안부 문제 해결을 목표로 한 외교부 국장급 협의를 시작했었다. 양국 외교 당국자가 협의를 계속하는 가운데 일본 정부와 여당인 자민당의 일부에서는 우스키 씨의 NPO가 한국에서 실시하고 있는 '팔로업 사업'을 확충하는 방안이 부상했다고 한다.

일한의원연맹 간사장이자 전 관방 장관인 가와무라 다케오(河村建夫) 의원(자민당)은 당시 아사히신문과의 인터뷰에서 다음처럼 말했다.

"나는 최근에 알았는데 (전 위안부에게 사과금 등을 건넨)아시아여성기금의 사업이 중단된 후에도 외무성이 '팔로업 사업'을 하고 있다. 매년 1천만 엔 가까운 예산을 짜 전 위안부를 방문하기도 한다. 이 사업을 확대한다는 방법도 있지 않을까."

"사실 (아시아여성기금의)팔로업 사업의 이야기를 들은 것은 아베 총리의 입을 통해서였다. 아베 씨가 그것을 나에게 말했다는 것은, 할 수 있는 것이 무엇인지 생각하고 있기 때문이라고 생각한다."

— 아사히신문 2015년 10월 21일

아베 총리가 스스로 '팔로업 사업'에 대해서 언급했다는 것이다. 일본 외무성이 눈에 띄지 않도록 실시해 온 '팔로업 사업'이 위안부 문제의 해결책의 하나로 주목받은 것이다. 그러나 결국 이 사업을 확대하는 방안은 무산됐다. 일본 외무성은 2017년도 '팔로업 사업' 예산을 재무성에 요구하지 않아 '팔로업 사업'은 2017년 3월 말로 종결되었다.

외무성으로부터 위탁을 받아 이 사업을 10년째 이어 온 우스키 게이코 씨는 사업 종결에 분개했다.

"일본 정부는 '한국의 재단에 10억 엔 냈으니까 자, 끝이다'고, 총리로부터 사죄의 편지도 없었습니다. '팔로업 사업'의 10년간의 노력은 보답받지 못했어요. 일본 정부는 할머니들의 상황을 봐서 사업을 끝내는 것이 아니라, 자기들의 사정으로 끝을 결정해 버렸어요. '최악의 마무리'예요."

한국에서 '팔로업 사업'을 실시하기 위해 설립한 우스키 씨의 NPO도 사실상 해산 상태에 있다. 국가 예산의 지급이 중단됐기 때문에 우스키 씨와 동료들이 할머니들의 지원을 계속하려면 도항비를 포함해 모든 활동 비용을 스스로 충당할 수밖에 없어졌다. '팔로업 사업' 중단에 대해서

"왜 그만두는 거냐!"며 화낸 할머니도 많았고 일본 외무성 앞으로 사업의 계속을 요구하는 탄원서를 쓴 할머니도 몇 명 있다. 우스키 씨는 일본 정부의 차가운 대응에 "인간적이지 않다."라고 말했다.

"일본 정부는 할머니들의 이름도 얼굴도 모르는 거예요. 할머니들에 대한 청취 조사도 하지 않고 할머니들의 심정도 듣지 않아요. 저는 '할머니들의 실태 조사를 한다면 협력하겠습니다'라고 외무성과 일본 대사관 사람들한테 몇 번이나 말했는데 회답은 없었습니다. 일본 정부는 할머니가 돌아가셔도 화환도 보내지 않아요."

우스키 씨는 서울의 일본 대사관 직원에게 "제가 안내할 테니까 나눔의 집에 가서 할머니들을 만납시다."라고 몇 번이나 권했지만, 대사관 직원들은 나눔의 집에는 가지 않았다고 한다.

우스키 씨는 할머니들이 납득할 수 있는 형태의 사과가 필요하다고 말했다.

"이것은 하나의 아이디어인데, 서울의 일본 대사 공저에 할머니들과 가족들을 초대하고, 거기서 할머니들에게 사과하여 명예 회복으로 이어지길 바래요. 정치적인 문제도 있겠지만, 솔직한 방식으로 할머니들의 문제를 인간적으로 해결하는 게 가장 빠른 길이고, 효과가 있는 방법이 아닐까 싶어요."

우스키 씨는 할머니들이 모두 돌아가셔서 아무도 없어진 후에 고개를 숙여도 아무 의미도 없다고 한다. 그 말에 나도 완전히 동의한다.

"아직 지금이라면 지팡이를 짚고서라도, 가족들에게 양팔을 부축받으면서라도 (사과를 받으러)가고 싶다는 할머니가 있으니까요. 제대로 진지한 태도로 해야 하죠. (가장 중요한 것은) 역시 '마음'이라고 생각해요."

병사들의 증언 — 핫라인 '종군 위안부 110번'

1992년 1월 일본의 시민 단체 '위안부 문제를 생각하는 모임'과 우스키 씨 동료들의 '핫키리회' 등이 합동으로 '종군 위안부 110번'을 개설했다. 피해자에게서 제보를 받는 것이 아니라 위안부나 위안소의 당시 상황을 아는 구 일본군 관계자로부터 정보를 전화로 얻기 위한 핫라인이었다.

정보 제공은 익명도 되며, 소속했던 군부대와 장소, 당시의 위안소의 상황 등 실제로 보고 기억하는 것들을 전화로 말하면 그 내용을 스태프가 조사 카드에 기입했다. 핫라인은 3일간 설치됐는데 그동안 3대의 전화기가 계속 울려댔다고 한다. 그때의 조사표는 우스키 씨가 지금도 보관하고 있고, 증언집으로서 출판되기도 했다.

그 일부 내용을 소개한다. 정보 제공자의 연령은 '종군 위안부 110번'이 실시된 당시의 것이다.

"저는 중국 톈진(天津)에 있었습니다. 방 앞에는 20~30명의 병사들이 줄 서서 기다리고 있었습니다. 시간은 한 명당 2, 3분입니다. 그래서인지 줄 서 있을 때 벌써 바지를 내리고 기다리고 있어요. 일본인 위안부도 있었는데 그녀들은 유곽(遊郭)의 여자이고 오고 싶어서 온 사람도 있던 게 아닐까 싶어요. 조선인 위안부의 경우는 속아서 온 사람이 많은 것 같았습니다." (분대장 77세)

"병사들이 가는 위안소는 군이 세운 막사 같은 건물이었습니다. 그 위안소에 있던 조선인 여성은 25명 정도입니다. 조선인 위안부는 16세에서 20세 정도의 젊은 여성뿐이었습니다. 한 명은 아직 16살이었습니다. 부산 출신이었습니다. 식당에서 일하지 않겠냐는 말을 듣고 가족을 도와줄 수 있을 줄 알고 왔다는 것이었습니다. 되돌아올 때 배 안에서 위안부들에 대한 취급이 너무 심해서 항의를 했더니 하사관이 '인간 취급할 필요 없다. 말이나 소 이하니까 태워 준 것만으로도 고맙다고 생각해라'고 말했어요." (인도네시아 수라바야에서 공작부대 타이피스트로 주둔 66세)

"한번 13세 정도의 위안부를 육군병원에 나른 적이 있습니다. 많은 병사를 상대했기 때문에 성기가 부어올라 있었습니다. 가랑머리의 소녀였습니다. 조선인 위안부들은 병사들의 세탁녀(洗濯女)라는 모집을 보고 왔다는 것이었습니다. 속았다고 말했던 것을 기억하고 있습니다. 잊을 수 없는 일이 있습니다. 그것은 사망한 위안부를 늑대가 먹었던 일입니다." (관동군·축성부대 76세)

만화가 미즈키 시게루의 증언

전장에서의 위안소 실태를 증언한 저명인사도 있었다. 만화가 미즈키 시게루(水木しげる 1922~2015)이다. 〈게게게노 기타로〉 등의 인기작품으로 매우 유명한 미즈키 시게루는 태평양 전쟁 때 격전지였던 뉴기니아의 라바울에 출정했다가 폭격으로 왼팔을 잃었다. 미즈키는 전쟁 중의 체험을 그린 〈가랑코롱 방랑기 게게게 선생님 많이 말하다〉(2000년)라는 작품 속에서 위안부에 대해서 말하고 있는데, 어느 날 라바울에서 상관이 미즈키에게 '피야'에 갔다 오라고 명했다. 병사들 사이에서 위안소는 '피야', 위안부들은 '피'라고 불렸다. 다음은 그 만화 내용의 일부이다. '피'는 일종의 멸칭이지만, 그대로 인용한다.

"……피야(위안소) 앞에 갔는데, 세상에, 수많은 사람들이 줄줄이 서 있다. 일본 피 앞에는 백 명 정도, 나와피(오키나와 출신 위안부)는 아흔 명 정도, 조선 피는 여든 명 정도였다. 이것들을 한 여자가 처리하는 것이다. 나는 그 긴 행렬을 보고 도대체 언제 할 수 있는 것이냐고 생각했다. (중략) 그러나 병사들은 이 세상에서 마지막이 될 것이다 싶어서 떠나지 않는다……하지만 아무리 버텨도 소용없는 일이야. 나는 줄에서 떠나기로 했다. 그리고 조선 피의 집을 관찰한 것이다."

그때 한 조선인 위안부가 안에서 나와 미즈키를 한 번 힐끗 보고 화장실에서 용변을 보자마자 방으로 돌아갔다.

아마 배가 아파도 쉬지 못했던 것이다. 그 광경을 본 미즈키는 이렇게 썼다.

"도저히 이 세상에서 일어나는 일이라고는 생각할 수 없었다. 무엇보다도 지금부터 80명 정도의 병사를 처리해야 한다. 군인들은 혈기가 왕성하고 정력이 넘쳐서 힘든 일이다. 그것은 바로 '지옥의 장소'였다. 군인도 지옥으로 가는 것인데, 그 이상으로 지옥이지 않은가. 화장실에 간 조선 피를 보며 그렇게 생각했다. 종종 종군 위안부의 배상에 대해 신문에 나곤 하는데, 그것은 체험하지 않은 사람은 모르겠지만……역시 '지옥'이었다고 생각한다. 그래서 배상은 해야 하겠지……라고 항상 생각한다."

미즈키 시게루는 일본군 병사였던 자신의 체험을 바탕으로 '위안소는 지옥이었다' '배상해야 한다'고 솔직하게 말했다. 그러나 가해 책임에서 벗어나고 싶어 하는 일부 일본인들은 미즈키와 같은 당시의 실정을 잘 아는 전쟁 체험자의 증언을 무시하고 '위안부는 자기 의사로 간 매춘부였다' '위안부 문제 따위 존재하지 않는다'는 등 말도 안 되는 헛소문을 퍼뜨리고 있다. 그들은 무엇이 사실인지는 상관이 없고, 자신들을 죄책감과 반성으로부터 해방시켜 주는 편한 언설에 달려들고 있을 뿐이다.

6
청구권 문제는 정말로 '완전히 그리고 최종적'으로 해결된 것인가

앞서 기술했던 바와 같이 일본 정부는 1965년의 '대한민국과 일본 간의 재산 및 청구권에 관한 문제의 해결과 경제협력에 관한 협정'(이하 '한일 청구권 협정')으로 위안부 문제를 포함한 청구권 문제는 다 해결되었다고 주장한다. 그 이유는 협정의 제2조에 아래와 같이 명기되어 있기 때문이다.

한일 청구권 협정 제2조
1. 양 체약국은 양 체약국 및 그 국민(법인을 포함함)의 재산, 권리 및 이익과 양 체약국 및 그 국민 간의 청구권에 관한 문제가 1951년 9월 8일에 샌프런시스코우시에서 서명된 일본국과의 평화조약 제4조 (a)에 규정된 것을 포함하여 완전히 그리고 최종적으로 해결된 것이 된다는 것을 확인한다.

협정 제2조에는 청구권 문제가 완전히 그리고 최종적으로 해결된 것이라고 명기되어 있다. 일본 여론의 상당수도 이러한 정부의 입장에 동조해 왔다. 위안부 문제에 관련해서 한국이 무언가를 요구할 때마다 일본에서는 '보상 문제는 한일 청구권 협정으로 다 해결됐다' '한국이 골문을 움직였다'며 한국에 대한 비난의 소리가 높아진다.

그러나 한일 청구권 협정 제3조를 보면 협정의 해석이나 실시에 관해 양국 간에 분쟁이 일어난 경우 어떻게 해야 할지에 대해서도 명기되어 있다.

한일 청구권 협정 제3조
1. 본 협정의 해석 및 실시에 관한 양 체약국 간의 분쟁은 우선 외교상의 경로를 통하여 해결한다.
2. 1의 규정에 의하여 해결할 수 없었던 분쟁은 (중략) 중재위원회에 결정을 위하여 회부한다.

일본의 법률잡지 〈법률시보(法律時報)〉 1965년 9월호에 한일 협상에 직접 종사한 일본 외무성 사무관들의 협정 해설 기사가 실려 있다. 이것은 일본공산당의 가사이 아키라(笠井亮) 중의원 의원의 조사로 밝혀진 것이다.

도쿄의 국립국회도서관을 방문해 이 〈법률시보〉 기사를 찾아보았더니 마이크로피시의 형태로 보존되어 있었다. 기사 끝에는 작은 글씨로 "본 해설의 집필자들은 모두 외무성 외무사무관이지만, 의견 부분은 각각의 개인적 견해이다."라고 쓰여 있었다. 그러나 한국 정부와 협상한 당시의 현직 외무관료가 협정 체결 직후에 일본 정부의 방침과 동떨어진 내용을 쓸 리가 없다. 참고가 되므로 소개한다.

해설 기사 중 '분쟁 처리'의 항목을 집필한 사람은 당시 한국 외교부와의 협상을 맡은 일본 외무관료인 오와다 히사시(小和田恆) 씨(후에 외무성 사무차관)이다. 기사 첫머리에는 아래와 같이 쓰여 있다.

"한일 제(諸) 협정에서의 분쟁 처리 문제는 크게 두 가지 형태로 취급되고 있다. 첫째는 이번에 조인된 협정의 해석 및 실시에 관해서 생기는 분쟁 처리에 관한 것이다. 둘째는 (중략) 넓게 한일 양국 간의 모든 분쟁 처리에 관한 문제이다."

그렇다면 주로 1990년대에 들어서 제기된 위안부 문제는 이들 두 가지 중 첫째의 한일 청구권 협정의 해석이나 실시에 관한 분쟁인가, 아니면 둘째의 한일 양국 간의 모든 분쟁 즉 일반적인 분쟁인가.
　가령 위안부에 대한 보상이나 배상을 첫째의 한일 청구권 협정의 범위 내에서 처리할 문제라고 하면 협정 제3조에 따라서 '외교' 또는 '중재위원회'를 통하여 분쟁 처리를 하게 된다.
　한편 위안부 문제가 둘째의 양국 간의 일반적인 분쟁이라면 어떤가. 오와다 사무관은 해설 기사에서 협정이 체결된 그날(1965년 6월 22일)에 주고받은 '분쟁의 해결에 관한 교환 공문'에 의해서 분쟁 처리 방법이 합의되었다고 지적했다. 이 공문은 일본 시나 에쓰사부로(椎名悦三郎) 외무상과 한국의 이동원 외교부 장관 사이에서 체결된 것이다. 일본어와 한글로 쓰여 있다.

"양국 정부는 별도의 합의가 있는 경우를 제외하고는 양국 간의 분쟁은 우선 외교상의 경로를 통하여 해결하는 것으로 하고 이에 의하여 해결할 수 없을 경우에는 양국 정부가 합의하는 절차에 따라 조정에 의하여 해결을 도모한다."

오와다 사무관은 〈법률시보〉 기사에서 다음과 같이 해설했다.

"이 교환 공문이 말하는 '분쟁'에 대해서는 그 발생 시기 또는 그 원인이 되는 사실의 발생 시기에 대해서 아무런 제한도 첨부되어 있지 않다. 그러므로 양국 간에 실제로 존재하거나 또는 향후 발생할 수 있는 모든 분쟁이 이 대상이 되는 것에 대해서는 문제는 없다."

또 무엇이 '분쟁'에 해당하는지에 대해서 오와다 사무관은 "어떤 문제에 대해서 (한일 양국이) 명백하게 대립하는 견해를 가지는 사태가 생겼을 때는 국제 분쟁이 존재한다."라고 설명하고 있다.

위안부 문제가 첫째의 '한일 청구권 협정의 해석이나 실시에 관한 분쟁'에 해당하든 둘째의 '일반적인 분쟁'에 해당하든 우선 외교적 수단으로 해결을 도모하고, 그것에 의해서 해결 못 하는 경우는 중재위원회나 조정으로 해결하는 것이 한일 협정 자체와 교환 공문에 의해 정해져 있다. 또한 한일 협정은 중재위원회에 제삼국의 위원이 참여하는 것을 정하고 있다.

그러므로 최소한 위안부 문제에 대해서는 한일 양국이 대립하는 의견을 갖고 있는 한 국제 분쟁이 존재하는 것으로 해석해야 한다. 문전박대는 용인되지 않는다. 2012년 8월 27일자 조선일보는 한국 정부가 위안부 문제 해결을 위해 중재위원회 구성을 일본 측에 제의하기로 했다고 보도했다. 그러나 한국 정부가 실제로 이러한 제의를 했는지는 명확하지 않고 중재위원회는 설치되지 않았다. 내가 아는 한국의 한 외교관은 "그 이후 관련 내용은 들은 적이 없다. 흐지부지된 것이 아닌가 싶다."라고 말했다.

7
대만의 위안부 피해자

'모모코'라 불린 할머니

  일본에 있어서 일반적으로 말하는 위안부 문제란 그 대부분이 한반도 출신자의 피해에 대한 것으로 다른 지역 출신의 위안부 피해를 논할 일이 많지 않다. 그러나 일본군 위안부의 출신지는 한반도 외 일본, 중국, 대만, 필리핀, 인도네시아, 네덜란드 등 7개 지역에 이르는 것으로 확인된다.

  2015년 2월 나는 대만을 방문했다. 대만 출신의 전 위안부를 취재하기 위해서이다. 위안부 문제는 원래 전시성폭력이라는 인권 침해 문제로서 해결해야 하는 현안이다. 그러나 한일 사이에 위안부 문제는 1990년대 이후 정치적으로 외교적으로 대립하는 의제로서 다뤄지고 있다. 그동안 몇 번 정부 간에 해결이 시도됐으나 결국 양국의 갈등은 교착 상태에 있다. 나는 대만에 가서 한국인 이외의 사례를 취재함으로써 위안부 문제 해결을 위한 또 다른 시각이 보이지는 않을까 하는 기대도 있었다.

  우리는 타이베이에서 고속철도를 타고 대만 남부로 향했고 1시간 40분 정도 걸려 쭤잉(左榮)역에 도착했다. 그곳에서 차를 갈아타고 핑동현(屛東縣) 린뤄향(麟洛鄕)이라는 소도시로 향했다.

오래전에 '모모코(桃子)'라 불린 할머니가 있었다. 위안소에 있었을 때 받은 이름이다. 본명은 천타오(陳桃)라고 한다. 대만에서는 할머니를 친근감을 담아 '아마(阿嬤)'라고 부른다. 취재 당시 92세였던 천타오 아마는 이 작은 도시에서 조용히 살고 있었다. 전장에서 대만으로 돌아와 오랫동안 청과시장에서 야자열매를 팔면서 생계를 이어온 천타오 아마는 나이가 들어서 가게를 접은 후에도 그 청과시장 부지 내에서 살고 있었다.

우리는 대만인 전 위안부의 지원 활동을 하고 있는 '재단 법인 타이베이시 부녀구원 사회복리사업기금회'(이하 '부원회')의 캉슈화(康淑華) 집행장과 간쉬엔쉬엔(甘軒軒) 씨의 안내로 천타오 아마를 찾아갔다.

우리가 도착했을 때는 이미 오후여서 청과시장에는 사람도 적고 거래도 거의 이뤄지지 않았지만, 과일을 운반하는 오토바이가 오가는 구내에는 아직 활기가 희미하게 남아 있었다. 그 시장 부지의 일각에 있는 이제 영업을 하지 않는 간소한 가게 안쪽의 작은 방이 천타오 아마의 생활의 전부였다. 가게와 살림방 사이에는 얼마 전까지 쓰던 가스레인지와 프라이팬이 먼지에 뒤덮혀 있었다.

천타오 아마는 귀가 조금 어두웠다. 우리가 "안녕하세요. 일본 도쿄에서 왔습니다. 들리세요?"라고 큰 소리로 말하자 천타오 아마는 일본어로 "응? 안 들려."라고 말했다. 침대에서 몸을 일으킨 천타오 아마의 발은 깡마르고 몸을 움직이는 것도 괴로운 듯했다.

부원회의 캉슈화 집행장과 간쉬엔쉬엔 씨가 마잉주(馬英九) 총통이 보낸 배와 귤이 든 상자를 건네자, 천타오 아마는

"아, 이런 무거운 것을 가져다 주고……"라고 마음을 쓰며 엄지로 시장 쪽을 가리키면서 "여기서 파는데"라고 해서 우리를 웃겨 주었다. 맞다, 천타오 아마는 청과시장 부지 내에서 살고 있지……

아마는 "계속 이 방에 죽치고 있으니 머리가 노망든다."라고 말했다. 할일도 없고 심심해서 하루 종일 텔레비전을 켜 놓는다고 한다. 폐업한 가게에는 마잉주 총통과 함께 찍은 사진이 걸려 있었다. 마 총통은 재임 중에 이 집을 몇 번 찾아왔다. 아마는 대만어로 이렇게 말했다.

"마잉주는 예전에는 자주 찾아왔지만 요즘에는 바빠서 그런지 안 온다. 왜 그래?"

천타오 아마는 일본 통치시대에 배운 일본어를 아직 기억하고 있었다. 취재에는 통역자도 동석했지만 아마는 우리 질문에 대부분 일본어로 답해 줬다.

—— 일본어를 아직 기억하고 계시네요.
"후후, 그렇지도 않아. 나 일본 교육 받았어."
—— 일본어 글씨를 쓸 수 있어요?
"쓸 수 있어, 글씨. 일본어는 술술 할 수 있는데."

천타오 아마는 어렸을 때 부모를 여의고 계모와 삼촌 밑에서 자랐다. 열여섯 살 때 삼촌의 빚 때문에 술집에 팔려 일하고 있었는데, 아마가 열아홉 살 때 술집 경영자가 아마를 다시 가오슝(高雄)의 위(魏)라는 사람에게 팔았다.

위 씨의 아내는 천타오 아마에게 2년 동안 인도의 안다만에 가서 간호조수로 일하고 오라고 말했다.

그러나 간호조수라는 이야기는 거짓말이었다. 대만 남부 가오슝항에서 배를 타고 멀리 안다만에 도착하자 위안소에서 일본 군인의 상대를 하라는 명령을 받았다.

"6월 4일 배를 타고 인도까지 갔어. 그때……지금 그때를 떠올리면……"

아마는 안다만의 이야기를 하자마자 울기 시작했다. 부원회의 간쉬엔쉬엔 씨가 아마를 염려해서 "아마, 말하고 싶지 않으면 안 해도 돼."라고 말했다.
아마는 안다만에 같이 간 여성들과 함께 "이야기가 다르다."라며 강하게 항의했지만 일본군 대대장이 나와서 아마들을 위협했다. 아마는 섬에서 도망갈 방법도 없고 포기할 수밖에 없었다. 아마는 안다만의 위안소에서 2년간 위안부로 일했다. 위안소에는 하루 10여 명, 많을 때는 20명 이상 병사를 상대해야 했다고 한다.

"지금도 난…그때 일을…이제 잊어…잊으려고 하고 있어. 하지만 항상 마음 속에 들어 있어서……"

우리 눈앞에 위안소의 기억에 지금도 시달리고 있는 깡마른 92세의 여성이 있었다. 70년의 세월이 흘러도 치유할 수 없는 상처를 준 '위안부'라는 제도의 잔학성과 죄의 깊이에 숨이 막혔다.

위안부 파견 인가를 요청하는 군문서

일본군을 위한 위안소가 해외에 처음으로 설치된 것은 1930년대였고 장소는 중국이었다. 1941년에 태평양 전쟁이 시작되자 일본군은 싱가포르와 필리핀, 버마 등을 침공했고 그 점령지에는 위안소가 속속 설치되었다. 그리고 각지의 위안소에는 일본 여성 외에 당시 일본의 식민지였던 조선이나 대만의 여성들이 파견되었다.

일본군 위안부의 총수에 대해서는 여러 설이 있다. 윤정옥 이화여대 교수는 '20만 명에서 40만 명'으로 보고 있다. 역사 연구가인 하타 이쿠히코 씨는 '2만 명 안팎'으로 추정하고 있다. 또 요시미 요시아키 일본 추오대학교 교수는 "적게 잡아도 5만 명은 넘을 것이다."라고 한다. 위안부나 위안소에 관해 남아 있는 기록은 적으며 명부 등도 현존하지 않는다. 모두 대략적인 추정이다.

도쿄의 방위성 방위연구소에 대만인 위안부에 관한 일본군의 전문(電文) 기록이 남아 있었다. 날짜는 1942년 6월 13일, 대만 주둔 일본군 참모장이 도쿄에 있는 육군성 부관 앞으로 발신한 전보로 '밀전(密電)'이라고 쓰여 있다. 요지는 다음과 같은 것이다.

"보르네오에 파견한 특종(特種)위안부 50명이 현지에 도착한 뒤의 실황은 인원이 부족하여 일을 견디지 못하는 사람이 발생하고 있기 때문에 20명 더 증가시킬 필요가 있다고 한다. 좌기(左記) 인솔자가 오카베(岡部) 부대가 발급한 인가증을 휴대하고 (보르네오에서)대만으로 돌아왔다. 부득

이하다고 인정할 수 있으니 위안부 20명을 (대만에서)추가 파견하는 것을 승낙해 주기 바란다."

그리고 전문의 마지막에는 위안부의 인솔자로서 민간 업자로 보이는 일본인의 이름이 적혀 있다. 이 전문을 보니 일본군이 민간인을 써서 위안부를 모으고 전장으로 파견한 구도가 역력하다. 또 전문에는 이렇게 씌어 있었다.

"또한 장래에 이런 소수의 보충 교체 증원 등의 필요가 생긴 경우에는 오른쪽처럼 적의 처리하고 싶으니 미리 승낙해 주기 바란다."

앞으로 전장에서 위안부가 부족하여 보충이 필요하게 된 경우는 일일이 육군성의 허가를 받지 않고 현지의 판단으로 위안부를 파견하게 해달라는 요청이다. 20명의 여성을 '소수'라고 말하는 점 등 한 사람 한 사람의 여성의 인생 같은 것은 생각조차 않는 냉혹성을 느낀다.

천타오 아마는 간호조수로 일한다는 명목으로 전장에 끌려갔다. 위안부 피해자의 지원을 해 온 대만의 장궈밍(莊國明) 변호사는 대만의 위안부 피해자들은 천타오 아마처럼 속아서 위안소에 보내진 경우가 대부분이라고 말했다.

"대부분의 피해자들은 식당이나 병원의 취사, 세탁을 한다고 듣거나 병원의 간호사 일을 한다는 말을 듣고 속아서 해외로 갔습니다. 다들 해외라면 지금보다 더 많은 돈을 벌 수 있으니 집안 살림이 나아지지 않을까 해서 기꺼이

갔습니다. 하지만 실제로 간 곳은 위안소였습니다."

천타오 아마는 눈물을 닦으며 일본어로 이렇게 말했다.

"모모코……그때부터……일본 정부에서……아마들한테 사과받고 싶다. 내 마음……언제나……기억하고 있어. 일본에게 괴롭힘 당한 거 언제까지나 기억해. 지금도 그때를 떠올리면 더는 아무 말도 못 해."

천타오 아마가 대만에 돌아올 수 있었던 것은 1945년 8월이었다. 그러나 천타오 아마가 위안부였음을 알게 된 삼촌은 천타오 아마의 가방을 집밖으로 내던지며 "너같은 천한 여자는 모른다." "집안의 수치다."라고 심한 말을 퍼부었다. 쫓겨난 천타오 아마는 그 이후 대만 각지를 전전하며 남의집살이하면서 부엌일을 하거나 야자열매를 팔며 살아왔다. 두 번 결혼했지만 아이는 갖지 못하고 아들을 하나 입양했다. 천타오 아마의 어렸을 때의 꿈은 고등학교를 나와 교사가 되는 것이었지만, 그 꿈은 사라졌다.

천타오 아마는 몇 년 전까지 청과시장 부지내에 있는 가게에서 야자를 팔고 있었다. 그 시절의 사진이 있다. 사진 속의 천타오 아마는 산처럼 쌓인 엷은 황록색의 야자열매 옆에 서 있었다.

"이거 그때 나. 야자 팔고 있어. 지금은 안돼."

부원회의 주도로 대만의 위안부 피해자가 나서서 공개적

으로 증언을 하기 시작한 것은 1992년이다. 1999년 7월 14일 천타오 아마를 포함한 대만의 9명의 위안부가 일본 정부를 상대로 모두 9000만 엔의 손해 배상과 공식 사죄를 요구하는 소송을 도쿄지방법원에 제기했다. TBS텔레비전의 영상 라이브러리에는 그때의 영상이 남아 있다. 비가 내리는 도쿄 거리에 천타오 아마가 다른 원고들과 나란히 붉은 천에 흰 글씨로 '대만적(臺灣籍) 위안부 대일 소송 대표단'이라고 쓰인 현수막을 들고 걷고 있었다.

그러나 도쿄지방재판소는 '(일본의)국가배상법이 제정되기 전의 대일본제국 헌법하의 법제도에서는 국가의 권력 작용에 의한 사인(私人)의 손해에 대해서 국가에 배상 책임은 없다' '피해자 개인이 국가에 직접 배상을 청구할 자격은 없다'며 천타오 아마와 원고들에게 패소 판결을 내렸다. 2004년에 도쿄고등재판소 역시 이 1심 판결을 지지하고 2005년에 최고재판소(대법원)가 상고를 기각하면서 천타오 아마와 원고들의 패소가 확정되었다.

도쿄고등재판소의 항소심 판결 후 천타오 아마는 "너무나 교활해요. 우리에게 발언 기회를 한 번도 주지 않은 채 끝나고 말았어요. 재판은 졌어도 내 마음은 지지 않습니다."라며 보도 카메라 앞에서 분한 눈물을 흘렸다. 재판 도중 원고 두 명이 사망하여 판결 확정 시에는 7명이 되어 있었다.

'하나의 중국'

1972년 9월 29일 베이징 인민대회당에서 일본의 다나카 가쿠에이(田中角榮) 총리와 중국의 저우언라이(周恩來) 총리가 '일중 공동 성명'에 서명했다. 이것으로써 일본과 중국의 전쟁 상태는 정식으로 종결되고 양국 관계는 정상화되었다. 이 공동 성명에서 중국은 양국 국민의 우호를 위해 일본에 대한 전쟁 배상의 청구를 포기하겠다고 선언했다.

그러나 그것은 동시에 일본과 대만의 관계에 큰 변화를 가져왔다. '일중 공동 성명' 제2항에 다음과 같이 씌어 있었기 때문이다.

"일본 정부는 중화인민공화국 정부가 중국의 유일한 합법 정부임을 승인한다."

이어서 제3항에는 중화인민공화국 정부는 대만이 중화인민공화국의 영토의 불가분의 일부임을 다시 표명하고 일본 정부는 이 입장을 충분히 이해하고 존중한다고 명기되어 있다.

일본은 '두 개의 중국' 중 공산당 정권인 중화인민공화국을 '유일한 중국'으로서 공식적으로 승인한 것이다. 이에 따라서 일본은 먼저 수교를 맺고 있었던 대만과의 외교 관계를 일방적으로 단절했다.

그보다 20년이나 전인 1952년, 일본과 대만이 체결한 '일화(日華) 평화 조약'에는 일본의 식민지였던 대만에 대한 배상과 보상에 관한 청구권에 대해서 별도 '특별 약정'을 하겠다고 명기되어 있었다. 그러나 1972년에 일본이 중화인민공화국과 국교를 정상화함으로써 대만과의 '일화 평화 조약'은 그 효력을 잃어 '특별 약정'을 한다는 약속도 실시되지 않은 채 파기되었다. 대만에 대한 배상과 보상 협상은 일본의 사정으로 일방적으로 중단된 것이다.

대만의 장궈밍 변호사에 따르면 위안부 피해를 당한 대부분의 여성들은 대만에 돌아온 후에도 가난하고 비참한 인생을 보내 왔다. 식당주방일, 빨래, 술집일, 또 여성이면서도 토목 공사 등 막노동에 종사한 피해자도 있었다고 한다.

"대만 피해자들은 위안부였던 일로 자신을 비하하고 가족에 대해서 죄책감을 느끼면서 살아왔습니다. 피해자의 반수는 아이를 낳을 수 없는 몸이 되었습니다. 결혼한 사람도 있었지만 이혼율이 높고 결혼과 이혼을 다섯 번 되풀이한 사람도 있습니다. 마음의 상처는 혼인에도 영향을 미친 것입니다."

천타오 아마는 쥐어짜듯이 말했다.

"일본에 돌아가면 우리의 이야기를 일본 정부한테 말해 줘요. 우리는……일본시대부터 지금까지……옛날부터 지금까지 내가 혼자 고생하면서 생활하고……"

대만 정부가 위안부로서 인정한 피해자는 59명이다. 그 사람들 중 취재 당시 생존했던 사람은 겨우 5명이었다. 천타오 아마는 우리가 취재한 후 얼마 지나지 않아 청과시장을 떠나 요양시설로 옮겼다.

부원회는 대만의 위안부 문제에 관련한 활동에서 중심적

인 역할을 하고 있다. 스태프들의 대부분은 여성이며, 위안부 피해자에 대한 지원을 실시하면서 일본 정부에 배상과 공식 사과를 요구하고 있다.

부원회는 아마들의 심리적 케어를 위한 다양한 워크숍을 2012년까지 실시해 왔다. 부원회가 제작한 다큐멘터리 영화 〈蘆葦之歌(갈대의 노래)〉에 그 상황이 수록되어 있다.

어느 날 워크숍에서 아마들은 자신의 전신그림을 그렸다. 큰 종이를 벽에 붙이고 아마가 거기에 등을 대고 선다. 스태프가 아마의 몸 외각에 펜을 대고 테두리를 그린다. 아마들이 거기에 크레용으로 색을 칠하거나 색종이나 펠트를 붙여 등신대의 '자신'을 완성시키는 것이다. 심리 카운셀러 홍수견(洪素珍) 씨는 그 작품들이 모두 다 아마들의 소녀 시절 모습을 그린 것임을 깨달았다. 홍수견 씨는 아마들에게 사춘기의 감정이 그대로 남아 있다고 생각해 안타깝고 슬픈 기분이 되었다고 한다.

아마들의 꿈을 이루어 주는 프로젝트도 있었다. 우시우메이(吳秀妹) 아마는 하루 동안 중화항공의 승무원이 되어 유니폼을 입고 객실을 본뜬 실물 크기의 시설에서 즐겁게 음료수를 돌렸다. 루만메이(盧滿妹) 아마는 하루 동안 경찰관이 되어 경찰 모자를 쓰고 교통 정리를 했다. 천타오 아마는 마잉주 총통의 방문을 받아 직접 짠 푸른색 머플러를 총통에게 선물했다. 이때 찍은, 총통이 아마의 어깨를 감싸 안고 둘이 같이 엄지손가락을 치켜올리며 웃는 사진이 남아 있다.

우리가 부원회에 취재하러 갔을 때 그 사무실에 있는 자료용 선반에는 위안부 피해자들의 증언을 기록한 DVD

나 CD 외에 피해자들이 입었던 옷이 보관되어 있었다. 옷은 전쟁 당시의 옷이 아니라 말년에 입었던 것으로 번호를 달아 정리해 놓았다.

부원회의 스태프인 청징진(鄭靚勤) 씨에게 피해자들의 옷을 남기는 이유를 물었다.

"아마들은 어떤 옷을 좋아했는지, 입었던 옷들을 남겨 아마들의 마음을 남기고 싶은 겁니다. 이것은 우리와 아마들과의 추억을 물건을 통해 남기는 방법입니다. 아마들의 화장품이나 액세서리도 남깁니다. 아마들은 잡담할 때나 취재 때 화장품을 하나하나 꺼내 우리한테 이 메이커를 좋아한다는 둥 좋아하는 립스틱 색깔은 이거라는 둥 말해 줬습니다. 아마들은 십대 때 성적인 박해를 당했지만 아마들의 인생은 그것뿐만은 아니었다, 다른 모습도 여러 가지 있었다는 것에 관심을 가졌습니다."

청징진 씨의 전공은 박물관학으로 취재 당시 '아마의 집 - 평화와 여성 인권관' 설립 준비를 하고 있었다.

"부원회는 오랫동안 위안부 문제에 관한 활동을 해 왔고 아마들의 구술 데이터나 자료를 많이 축적해 왔습니다. 그래서 박물관을 만들자는 이야기가 나오고, 마침 제가 박물관이 전문이라서 설립에 힘이 되었으면 좋겠다 싶어서 참가했습니다."

── 일본에서는 '강제연행한 증거는 없으니까 위안부들은 동의해서 위안소에 간 것이다'고 하는 사람이 늘고 있

는 것 같습니다. 이것을 어떻게 생각하세요?

"문자로 적힌 것만이 증거일까요? 그러면 아마들의 증언은 증거가 되지 않는 걸까요? 역사는 모든 것이 진실이라는 게 아닙니다. 단편을 맞춰서 비로소 우리가 아는 역사가 됩니다. 우리가 아는 역사 속에 아마들의 처지가 있습니다. 그런 처지를 알고 어떻게 할지를 생각해야 합니다."

청징진 씨는 위안부 문제는 정치 문제로서 다룰 문제가 아니라고 한다.

"위안부 문제라고 하면 정치와 연결해서 생각하는 사람이 많은 것 같습니다. 하지만 그것을 여성이 성폭행이라는 박해를 당한 문제로서 생각할 수는 없겠습니까? 한 인간으로서의 입장으로 돌아가 전쟁 때 이런 피해를 당한 것이 과연 좋은 일인지 나쁜 일인지를 생각할 수 있다면 시비의 판단을 하기 쉬워지지 않을까요. 가장 중요한 것은 이 역사를 더 많은 사람에게 알림으로써 아마들의 상처받은 과거를 더욱 가치 있게, 영향력 있게 만들어 나가는 것입니다. 물론 가능하면 일본 정부가 할머니들에게 정식으로 사과하게 하여 아마들이 천국에 가기 전에 그들의 마음의 짐을 내려 주고 싶어요."

위안부 문제를 정치 문제로서 파악하는 것이 아니라 한 사람의 입장으로 돌아가 성폭력이라는 여성에 대한 박해로 생각한다, 이것은 나눔의 집 안신권 소장의 말과 공통되는 중요한 시점이다.

부원회가 준비했던 기념관 '아마의 집 — 평화와 여성 인권관'은 2016년 12월 도매상이나 상점이 늘어서 있는 타이베이시의 디화지에(迪化街)에 개관했다. 시설은 지은 지 백년 가까이 된 서양풍의 멋들어진 건물을 이용한 것으로 2004년 이후 12년에 걸친 계획이 열매를 맺었다. 설립 자금은 민간 모금과 대만 정부의 보조금으로 충당했다. 아마들의 이야기를 소개하는 자료 등 위안부 문제와 여성 인권에 관한 많은 전시를 볼 수 있다. 개관에 앞서 2016년 3월에 열린 간판 제막식에는 당시의 마잉주 대만 총통도 참석했다.

2016년 2월, 취재차 부원회 사무소를 방문했을 때 우리는 봉사활동에 참여하고 있는 2명의 여대생을 만났다. 펑신(彭馨) 씨와 린웨이시 (林韋慈) 씨이다. 취재 당시 둘 다 스물 살이었다. 펑신 씨는 위안부에 대해서는 중학교 교과서로 알았다고 한다. 교과서에 적힌 위안부에 대한 기술은 겨우 두 줄뿐이었지만, 이 문제에 관심이 있어서 도서관에 가서 위안부에 관한 책과 자료를 찾아 읽었다.

"이게 무슨 일인가 하고 정말 놀랐습니다. 나와 같은 열다섯 열여섯 살 여성이 위안소로 끌려갔다니. 만약 이게 나였으면 견딜 수 있었을까라고 생각했습니다."

린 씨는 어렸을 때 위안부에 대한 이야기를 책에서 읽고 큰 충격을 받았다고 한다.

"그 책이 위안부의 이야기라고 모르고 읽었어요. 제가

초등학교 3학년 아홉 살 때였습니다. 대만의 가난한 소녀가 속아서 위안부로서 전장에 파견되는 얘기였어요. 책 속에는 성적인 묘사도 있었고, 임신하게 되거나 낙태하거나 도망가려다가 잡히거나 해서 너무 큰 충격을 받았습니다. 어쩌면 이렇게 가혹한 이야기일까 싶어서 괴로워서 두 번 다시 그 책은 못 읽었습니다. 그 책을 돌려보려고 친구에게 권했는데 친구는 이런 내용의 책은 읽고 싶지 않다고 거절했어요."

린 씨는 이후 대학생이 되어 부원회가 위안부 피해자의 지원 활동을 하고 있는 것을 알고 봉사활동에 참여했다.
그러나 린 씨의 친구들은 위안부 문제에 거의 관심이 없다고 했다.

"친구들하고는 이 문제에 대해서 이야기 안 해요. 제 주변의 젊은 사람들한테는 위안부란 말은 역사 교과서에서 본 정도의 단어입니다. 대만 사회 자체가 위안부 문제에 대해 별로 관심이 없는 거예요."

일본인에 대해서는 어떤 감정을 가지고 있는지 두 학생에게 물어봤다.

"솔직히 말하면 고등학생 때 이 문제를 처음 알게 됐을 때는 일본인이 싫다 싫었어요. 근데 지금은 일본이 싫지 않고 오히려 일본을 좋아하고 일본이라는 나라와 민족에 친근감을 품고 있습니다. 대만은 일본의 식민지였기 때문

에 일반적으로 친일적입니다."   (펑신 씨)

"대만은 일반적으로 정말 친일적입니다. 일본의 식민지였던 역사가 있기 때문에 우리 할아버지 세대에는 일본어를 말하는 사람이 많아요. 이 문제를 알았다고 해서 일본에 대한 감정은 바뀌지 않아요. 다만 일본 정부는 이 사실을 알게 된 이상 할머니들에게 뭔가 보상이나 사과를 해야 한다고 생각합니다. 일본 정부는 책임을 피하거나 못 본 척 해서는 안 된다고 생각합니다."   (린웨이시 씨)

두 학생이 말하는 '친일'이라는 말은 한국에서 말하는 '친일'과는 의미가 달라서 일본을 좋아하고 친밀감을 가지고 있다는 의미이다. 그 의미를 염두에 두면 '일본의 식민지였기 때문에 친일적이다'라는 말은 한국 사람들에게는 이해하기 어려울 것이다.

펑신 씨가 다니는 대학교에는 일본인 친구도 있다. 그 친구가 위안부에 대해서 모른다고 해서 펑신 씨가 설명하고 자료를 보여 줬더니 친구는 충격을 받았다고 한다.

"지금 일본 젊은이들은 위안부 문제에 상관하고 싶지 않다고 생각하고 있을지도 모르지만 저는 그건 안타깝다라고 할까, 옳지 않다고 봅니다. 젊은 사람들은 이런 일에 대해서 정의감을 갖고 적극적으로 상관하는 것이 옳은 길이라고 생각합니다."

두 여대생의 취재를 마치고 부원회 사무실 내에서 다른

취재를 하고 있는데 이 두 학생들이 말을 걸어왔다. 일본의 젊은이들에게 전할 메시지가 있다고 한다. 먼저 린웨이시 씨가 우리 카메라를 보며 이렇게 말했다.

"지금 일본 젊은이들은 이 일(위안부 문제)이 자기하고는 상관이 없다, 과거의 잘못을 왜 자기가 져야 하냐고 생각할지도 모릅니다. 그런 생각도 이해할 수 있기는 하지만 사람은 앞으로 한발 내디딜 때 반드시 과거를 되돌아봐야 합니다. 과거가 있어야 미래가 있습니다. 아마들을 자기 할머니처럼 여겨 보세요. 전쟁으로 소중한 것을 빼앗겼습니다. 저는 매우 슬픈 일이라고 생각합니다."

이어 펑신 씨가 말했다.

"일본 청년 여러분 안녕하세요. 너무 딱딱하지 않게 자유로운 분위기에서 생각해 봅시다. 만약 자기의 할머니가 그런 처지에 처하면 어떻게 생각할까요? 자신들의 생각들을 교환합시다. 각자 생각이 달라서 좋을 거예요. 같이 생각해 나갑시다."

두 학생의 올곧은 의견을 듣고 감명을 받았다. 위안부로서 피해를 당한 아마들을 자기 할머니로 바꾸어서 상상한 적이 있는 일본인이 얼마나 있겠는가.
부원회는 위안부 문제로 일본 정부에 배상과 사과를 요구하고 있다. 그러나 우리는 부원회를 취재하면서 일본에 대한 반감과 적의 같은 공기는 전혀 느낄 수 없었다. 부원회 사람들은 고난의 인생을 걸어온 아마들에 대한 깊은 배려를 가지고 곁에 있으면서 잔잔하게 아마들을 보살피고 있었다.

부원회의 캉슈화 집행장에 따르면 부원회의 초기 활동은 반일 감정과 무관하지 않았다고 한다.

"우리의 활동은 처음에는 확실히 민족주의와 일치하고 있었습니다. 그러나 우리가 그런 생각을 바꿈으로써 더 많은 사람들이 이 문제를 인식해 주고 지지해 주게 되었습니다. 반일 감정을 안고 반일적인 시점에서 이 활동을 진행해 나가면 아마들이 그 인생에서 겪었던 것의 의미나 사회와의 관계를 왜소화해 버릴 가능성이 있습니다. 그래서 우리는 반일이 아니라 여성의 인권이라는 차원에서 이 문제를 생각하고 있습니다. 일본을 가해국이라고 비난하고 싶은 것도 아니며 반일 감정을 부추기고 싶은 것도 아닙니다. 과거의 역사를 반성하고 위안부였던 여성들의 인권을 직시함으로써 더 평화로운 아시아, 더 평화로운 세계를 함께 이루어 낼 수 있다고 생각합니다."

위안부 문제를 국가나 민족의 대립으로서 생각하는 것이 아니라 여성의 인권 문제로서 봐야 한다는 시각은 그동안 위안부 문제를 취재하면서 몇 번이나 들은 말이었다. 캉 집행장은 아마들과의 교류에 의해서 부원회 스태프들은 많은 것을 얻고 있다고 말했다.

"아마들과 교류함으로써 대만 여성의 지혜와 용기를 볼

수 있게 됐습니다. 아마들을 보고 있는 것만으로 많은 에
너지를 얻었습니다. 저는 이 일을 하면서 여러 가지로 좌
절했을 때도 있었지만 아마들의 용기와 뜻을 접하고 몇 번
이나 용기를 얻었습니다. 저는 소셜 워커로서의 경험을 살
려서 아마들에게 헌신하고 아마들 인생의 마지막 시간을
함께 보내고 싶습니다."

받지 않은 '사과금'

1995년 일본사회당의 무라야마 도미이치 정부 아래에서
'아시아여성기금'이 출범했다. 이것은 한국, 대만, 인도네시
아 등 5개 지역의 위안부에게 민간의 모금으로 '사과금'을
지급하는 사업이었다. 모금 총액은 5억 6천 500만 엔에 이
르렀으며, 위안부 피해자 한 명당 200만 엔의 '사과금' 외
에 정부 예산에서 '의료복지 지원금'을 지급하게 되었다.

그러나 대만의 많은 피해자는 이 '사과금'을 받지 않았
다. 아시아여성기금 전무 이사였던 와다 하루키(和田春樹)
도쿄대 명예교수에 따르면 대만에서 '사과금'을 받은 사람
은 대만 정부가 위안부로 인정한 58명 중 13명에 그쳤다.

대만의 많은 피해자는 왜 '사과금'을 받지 않았을까. 부
원회의 캉슈화 집행장은 이렇게 설명한다.

"아시아여성기금은 일본의 민간 모금을 '사과금'으로 삼
은 것입니다. 하지만 우리가 주장해 온 것은 일본 정부의
사과와 배상입니다. 일본 정부가 민간 모금으로 해결하려

는 태도는 받아들일 수가 없었고 성의가 없다고 느끼고 있습니다. 그래서 우리는 보상금의 수령을 거부했습니다."

이러한 생각은 역시 '사과금' 받기를 거부한 한국의 위안부들과 그리고 그 지원 단체와 같은 것이다. 대만의 장궈밍 변호사는 "아시아여성기금을 설립한 당시의 무라야마 도미이치 총리의 결정은 높이 평가한다."라고 하면서도 다음과 같이 지적했다.

"일본 정부는 군부가 위안부 제도의 설립과 모집에 관여한 것을 인정하고 있습니다. 그렇다면 그 책임은 국가가 져야 될 것이 아닙니까. 나라의 책임인데 왜 민간의 명의로 했는지, 법적으로 이해할 수 없습니다. 그런 상황에서 대만인 위안부 피해자들이 돈을 받는 것은 인격에 대한 모욕이 됩니다. 일본 정부는 민간 기금이라는 명의 뒤에 숨어 책임에서 벗어나려고 했습니다. 이것은 존엄의 문제이며 원칙 문제입니다."

위안부 피해자 아마들에게는 부원회와 대만 정부에서 모두 한 명당 100만 대만 달러(약 4,000만 원)가 지급됐다. 이것은 일본 정부가 배상을 실시할 때까지 대신 지급한 돈이었다. 또 생존자에게는 매달 만오천 대만 달러(약 60만 원)의 생활 보조금이 대만 정부에서 지급됐다.

"생존한 아마들 사이에서도 '사과금' 문제에 대한 의견은 각각 있었다고 생각합니다. 그렇기 때문에 우리 부원회 스스로 모금활동을 하여 우리들의 힘으로 지원금을 건네고 대만 정부에도 (지출을)촉구하여 아마들에게 상응한 돈을 지급했습니다." (캉 집행장)

노래를 좋아하는 롄화 아마

대만 정부가 인정한 위안부 피해자 중 우리가 취재했을 당시의 생존자는 불과 5명이었다. 그 중 부원회의 협력으로 취재가 가능하게 된 사람은 천타오 아마 외에 또 한 사람만 있었다.

천롄화(陳蓮花) 아마였다. 우리의 취재를 위하여 타이베이 시내의 집에서 일부러 부원회 사무실로 와 줬다. 웃는 얼굴로 나타난 롄화 아마는 감색 코트를 입고 연보라색의 머플러를 두르고 있었다. 미국의 아티스트가 선물했다는 모자도 연보라색이었다. 그 모자에는 큰 꽃모양의 장식이 달려 있어 롄화 아마에게 잘 어울렸다.

롄화 아마가 대만의 공장에서 일하던 열아홉 살 때, 어떤 일본인이 집으로 찾아왔다. 그 남자는 롄화 아마에게 간호조수로서 일하라고 집요하게 요구했다고 한다. 간호조수의 모집으로 위장하는 수법은 천타오 아마의 경우와 마찬가지이다. 롄화 아마는 대만어에 가끔 일본어를 섞어 말했다.

"나의 양부는 '이 애는 아직 어리고 전문 지식도 없어서 간호사 같은 일은 도저히 못 할 거다'고 해서 거절했어. 하지만 그 일본인은 간호사라고 해도 다친 병사의 손발이나 머리에 붕대를 감는 정도의 일이라서 괜찮다고 말했어."

그 일본인은 렌화 아마의 집으로 몇 번이나 찾아와서 양부에게 동의하라고 요구했고, 결국 양부는 도장을 찍었다고 한다. 렌화 아마는 간호조수로서 일할 셈으로 배를 타고 필리핀 세부로 향했다. 그러나 현지의 항구에 도착하자, 마중나온 한 일본군 병사가 당신들이 하는 일은 간호사가 아니라 '위안부'라고 가르쳐 줬다. 그 병사는 렌화 아마와 같은 대만인이었다.

"그 사람은 군인이 되어 군업무로 위안부를 마중나왔을 때 항구에서 우연히 나를 본 거야. 나는 그때까지 아무것도 몰랐으니까 (사실을 듣고)계속 울었어. 그 사람은 울기만 하는 나를 동정해 줬어……"

렌화 아마는 우리에게 거기까지 말하고 울기 시작했다. 우리는 렌화 아마가 어떤 인권 침해를 당했는지를 들으러 왔다. 그 체험을 전달하기 위해서는 괴로운 이야기도 들어야 한다. 그러나 우리의 취재가 아마의 슬프고 가혹한 기억을 불러일으키고 아마를 괴롭히고 있었다. 부원회 사람들이 "아마, 울지 마, 울지 마."라고 위로했다.

렌화 아마와 다른 여성들은 세부에 도착해 곧 속은 것을 알게 되었지만 세부섬에서 달아날 수단 같은 것이 있을 리가 없었다.

"당시의 대만인은 정말 고달픈 존재였어. 일본인이 하는 말은 절대적이고 듣지 않으면 연행돼 버렸어."

렌화 아마가 위안소에 있었을 때의 사진이 남아 있다. 일본옷 기모노를 입고 정면을 보고 희미하게 미소를 짓고 있다. 렌화 아마는 그 사진을 보면서 일본어로 "하타치, 하타치"라고 말했다. '하타치'는 스무 살이라는 의미이다.

"이 옷은 위안소 경영자의 부인이 우리를 위해 주문하고 만들었어. 경영자는 일본 사람이고 부인도 일본 사람이었어."

렌화 아마는 위안소에서는 '나미코'라는 이름으로 불렸다.

"일본인은 나를 속이고 데려가서는 안 됐어. 진실을 말해야 했었는데 속여서 보내다니, 해서는 안 되는 짓이야. 속았을 당시는 아직 열아홉 살이었고, 어려서 아무것도 몰랐어."

세부섬에 간 지 1년 정도 지나자 미군의 공격이 거세졌다. 렌화 아마와 위안부들은 일본군 부대와 함께 산으로 달아났다.

"해변에서 산을 향해 탕, 탕! 하는 포격이 있었고 죽은 사람도 있었다. 사람이 죽으면 땅에 묻고 다시 계속 도망갔어. 헤이타이상(일본군 병사 -인용자주)이 우리를 데리고 산으로 달아났어. 음식이 떨어지면 헤이타이상이 가져다줬어. 도망가는 것이 고작이었다. 방공호 알아? 방공호에 몸을 이렇게 숨기고 음식도 못 먹었어. 엉망이었어. 자네들 같은 젊은이는 전혀 모르겠지. 젊은 사람은 전혀 모를 거야. 옛날 일은 젊은 사람은 전혀 모를 거야. 모를 거야."

렌화 아마는 일본어로 이렇게 말했다.

"아아, 전쟁은 안돼. 전쟁은 안돼."

렌화 아마는 미군의 포로가 되어 수용소에 들어갔다. 거기에서 한 남자와 재회했다. 세부에 도착했을 때 렌화 아마에게 위안부의 일을 한다고 가르쳐 준 대만인 병사였다.

"미국의 포로가 되니까 그 사람이 나를 찾아 줬어. 내 이름 '천렌화'를 찾아서 나를 찾아와 준 거야. 미군이 우리의 면회를 인정해 줬어. 무슨 말인지 알겠어?"

그 대만인 병사는 전쟁이 끝난 후 렌화 아마의 남편이 되었다.

"필리핀에서 만나 대만에 돌아온 후 결혼했어."
── 남편은 자상했어요?
"그 사람은 나를 동정해 줬거든. 내 남편은 11살인가 12살 연상으로 내가 계속 울고 있는 걸 보고 불쌍하다고 동정해 주고 나를 정말 예뻐해 줬어."

취재 당시 렌화 아마의 남편은 이미 고인이 돼 있었다.

남편은 대만 북부의 단수이(淡水) 출신으로 일본 통치시대 교토에 있는 대학교를 졸업했다. 아마의 자랑스러운 남편이었다.

"내 남편 교토의 학교 갔다. 일본에서 대만에 귀국한 후 곧 자원해서 (일본의)군대에 들어갔다. (계급장에)별 세 개 붙어 있다. 긴 군도를 차고 권총도 갖고 있었다. 상급 간부였다. 대졸이라 일반 병사들이랑 달리 높은 사람이었어. 상사야."

렌화 아마는 대만으로 귀환한 후 옷을 만드는 일을 시작했다.

"팔고 팔고 또 팔고 유엔황(圓環 타이베이 시내의 상업지)에 가서 장사가 번창했다. 일본인이 (대만에서)철수했으니까 옷이 부족했어. 아이 옷을 척척 만들어서 돈을 많이 벌었지. 그래서 여행도 갔다. 빙수도 팔았다. (손을 움직이면서) 빙수를 이렇게 만들었어. 시장 앞에서. 여러 가지 일을 해 왔어. 내 손을 보면 알겠지. 손가락 마디가 이렇게 커졌어. 이거 봐, 이거 봐."

아마는 그렇게 말하면서 손을 보여 줬다. 위안소에서 겪은 일 때문에 아이를 낳을 수 없는 몸이 된 렌화 아마는 두 양녀를 키웠다. 딸도 손자도 아마에게 잘해 준다고 한다. 손자는 호주로 유학갔다고 한다.

"우리도 나이 먹어서 살아남아 있는 사람(위안부 피해자들)이 얼마 없다. 거의 다 죽어 버렸다. 정식으로 사과하기 바란다. 우리에게 남겨진 시간은 없어."

―― 일본인이 미워요?"

"미워하고 있지는 않아. 다만 윗세대의 사람들이 해결하지 못한 것을 지금 젊은 세대의 사람들이 풀어 주기를 바란다. 그게 제일 좋아. 그게 도리잖아. 그게 사람의 도리에 맞는 일이다."

렌화 아마는 노래를 좋아한다. 집에 혼자 있을 때는 라디오를 들으며 노래를 부른다고 한다. 부원회의 아마들의 꿈을 이루어 주는 프로젝트로서 노래를 녹음해 CD로 만든 적도 있다. 일본 엔카(演歌 대중가요 -인용자주)도 잘 부른다. 특히 잘하는 노래는 1980년대에 히트한 미야코 하루미의 '오사카 시구레'라는 노래이다. 렌화 아마는 우리 앞에서 그 노래를 불러 주었다.

노래가 끝나자 렌화 아마는 "맞나?" 하며 소녀처럼 웃었다.

"일본 천황한테 묻고 싶다. 여자아이들이 전장에 끌려가서 열심히 일하고, 돌아올 수 있었던 사람이 얼마 없었는데 가엾다는 마음은 갖고 있지 않는가. 살아 돌아온 사람은 조금밖에 없는데 배상도 없고 고맙다는 말 한마디도 없었어. 전혀 없다. 요즘의 일본 젊은이들은 우리에 대한 동정심이 전혀 없다. 이 나이가 돼서 남겨진 시간도 없어서 그들한테서 뭔가 받을 수 있다고는 생각하고 있지 않아."

일본은 그동안 대만인 위안부 피해자를 위해 무엇을 해 왔는가. '아시아여성기금'에서 13명에게 '사과금'을 지급한 후, 일본 사람들은 대만의 위안부 피해자 아마들의 존재를 거의 의식하지 않았던 것은 아닌가. 대만 사람만큼 일본에 따뜻한 눈빛을 보내 주는 사람들이 있을까. 2016년의 한 여론조사에서는 '가장 좋아하는 나라는 어디인가'라는 질문에 '일본'이라고 답한 사람이 56%로 1위였다. 2011년 동일본 대지진이 발생했을 때는 대만 사람들이 약 2000억 원의 의연금을 보내 줬다.

대만인이 과거의 일본통치에 대해 일본을 규탄하는 일은 드물다. 그래서 대만 통치에 관해서 속죄 의식을 갖고 있는 일본인은 거의 없다. 대만의 호의를 일본은 너무나 당연한 것으로 여기고 있는 것은 아닌가.

아마들을 취재하고 약 1년이 지난 2016년 1월, 나는 대만 총통 선거의 취재 때문에 다시 대만에 체류하고 있었다. 선거전의 정세는 당시 야당이었던 민진당의 차이잉원(蔡英文) 후보가 국민당의 주리룬(朱立倫) 후보를 앞지르며 압도적으로 우세하다고 전해지고 있었다. 8년 만의 정권 교체가 확실시되는 가운데 투개표를 하루 앞둔 1월 15일 오전, 나는 선거 보도를 보려고 호텔의 객실에서 텔레비전을 켰다가 숨이 멎었다. 민영 방송 뉴스채널 '민시신문대(民視新聞臺)'의 화면에 천타오(陳桃) 아마의 영상이 나왔기 때문이다.

'等不到日本道歉 臺籍慰安婦小桃阿嬤病逝'

화면에는 '일본의 사과를 기다리지 못하고 대만의 위안부 천타오 아마가 병사'라는 자막이 나왔다. 아마는 1월 11일에 돌아가셨다고 한다.

그리고 2017년 4월 20일 천롄화 아마가 숨졌다. 91세였다. 전년 12월 '아마의 집 — 평화와 여성 인권관' 개관식에 참석해서 건강한 모습을 보여 줬던 참이었다.

부원회의 청징진 씨는 "아마들이 천국에 가기 전에 마음의 짐을 내려 주고 싶다."라고 말했었다. 그러나 천타오 아마도 천롄화 아마도 끝내 일본 정부의 사과와 배상을 받지 못하고 마음의 짐을 짊어진 채 하늘나라로 떠났다.

8
공백의 비석

한국 취재를 시작한 계기

내가 방송국 PD로서 한국 취재를 본격적으로 시작한 것은 일본 오키나와와 한국에 걸쳐 있는 어떤 문제에 대한 취재가 계기였다.

태평양 전쟁 때 미국과의 전투로 일본 국내에서 유일하게 지상전을 경험한 곳이 오키나와이다. 태평양 전쟁 말기, 일본 최서단에 위치하는 아열대 섬 오키나와에서 민간인을 끌어들인 치열한 전투로 적과 아군, 주민을 모두 합쳐서 약 24만 명이 희생되었다. 일본에서는 이 싸움을 '오키나와전(沖繩戰)'이라고 부른다.

2018년 6월 23일 나는 오키나와 본도 남단에 위치한 마부니(摩文仁) 언덕에 있는 평화기념공원에 서 있었다. 전(全)오키나와 전몰자 추모식을 취재하기 위해서이다. 정오의 시보에 맞춘 묵념에 이은 '평화 선언'에서 오나가 다케시(翁長雄志) 오키나와현지사는 내빈으로 참석한 아베 총리를 앞에 두고 이렇게 말했다

"작금의 동아시아를 둘러싼 안전보장 환경은 크게 변화

하고 있고, 앞서 열린 북미 정상 회담에서도 한반도 비핵화나 평화체제 구축에 대한 공동 성명이 발표되는 등 긴장 완화를 위한 움직임이 시작되고 있습니다. 평화를 추구하는 큰 흐름 속에서도 20년도 전에 합의한 헤노코(辺野古 오키나와현의 지명)로의 이설(移設)이 후텐마(普天間) 비행장 문제의 유일한 해결책이라고 할 수 있을까요?"

오키나와현 중부에 위치한 기노완(宜野灣)시의 주택지 한가운데에 있는 미군 후텐마 기지는 '세계에서 가장 위험한 비행장'으로 불린다. 1999년, 일본 정부는 이 후텐마 기지를 오키나와 본도 북부의 나고(名護)시 헤노코로 이전하기로 정식 결정했다. 기지를 비교적 주택가에서 먼 헤노코 연안으로 이전하여 주민의 안전성을 높인다는 것이다.

그러나 오키나와 주민의 머리 위로 미군의 헬기나 전투기가 오가는 것은 변함이 없다. 일본 정부는 '현외(縣外) 이설'이나 '기지 철거'를 요구하는 오키나와 현민의 목소리를 무시하며 해안 매립을 하고 있다.

이 헤노코의 새로운 기지를 비롯해 오키나와에 미국 해병대 기지가 존재하는 의의에 대해서 일본 정부는 다음과 같이 설명하고 있다.

"오키나와는 미국 본토, 하와이 등과 비교해 동아시아 각 지역에 가까운 위치에 있는 동시에 일본의 주변 국가와의 사이에 일정한 거리를 두고 있는 등의 이점을 가지고 있다고 인식하고 있다. 또 일본을 둘러싼 안전보장 환경이 더욱 어려움을 더하고 있는 가운데 이런 지리상의 이점을 가진 오키나와에 높은 기동성과 즉응성 등에 의한 주일 미군의 중요한 일익을 맡은 미 해병대나 미 공군 등의 부대가 주둔하는 것은 우리나라의 안전 및 극동에서의 국제 평화와 안전 유지에 기여하고 있다고 인식하고 있다."

그러나 2018년 들어 남북, 북미 간의 긴장은 극적으로 완화되었다. 4월 27일 판문점에서 문재인 대통령과 김정은 위원장과의 남북 정상 회담이 진행되었고, 이어 6월 12일에는 싱가포르에서 트럼프 미국 대통령과 김정은 위원장의 북미 정상 회담이 개최되었다. 9월에는 문재인 대통령의 북한 방문이 실현되어 남북 두 정상이 백두산에 오르며 전 세계에 남북 유화를 과시했다. 현안인 북핵 폐기의 전망은 아직도 전혀 서지 않고 있고, 탈북자 단체의 대북전단 살포에 반발한 북한이 2020년 6월 16일 남북연락사무소를 폭파하는 등 다시 긴장이 고조되었지만, 2017년 8월 8일에 트럼프 대통령이 북한에 대해 "더 이상 미국을 위협하지 않는 것이 좋을 것이다. 세계가 본 적이 없는 불길과 분노에 직면하게 될 것이다."라며 군사 공격의 가능성을 언급한 시기와 비교해 보면 동아시아 안보 환경은 상당히 호전되고 있다고 할 수 있다.

북미 정상 회담의 실현은 미군 간부의 인식에도 변화를 가져왔다. 오키나와 주둔 미군을 총괄하는 로렌스 니컬슨(Lawrence Nicolson) 해병대 제3해병 원정군사령관은 2018년 6월 23일 '평화의 초석'의 미국인 희생자명이 새겨진 비석 앞에서 우리의 취재에 대해 "많은 변화가 일어나고 있다. 북한이 계속해서 평화의 길을 걸어가며 국제사회에 참여할지 우리는 큰 희망을 갖고 있다. 발전이 이어져 평화가 온다고 생각하고 있다."라며 북한의 변화에 대한 기대감을 표명했다. '평화의 초석'은 태평양 전쟁 중 오키나와에서 숨진 전몰자의 이름이 새겨진 묘비이다.

그럼에도 불구하고 일본 정부는 그러한 안보 환경 변화와 오키나와 현민의 목소리를 무시하듯 헤노코에 기지 건설을 강행하고 있다. 오나가 오키나와현지사의 평화 선언은 헤노코에 새 기지를 만들어서는 안 된다는 강한 의지를 일본 정부에 대해 결연하게 나타낸 것이었다.

이날 행사에서 현지사의 평화 선언보다 더 주목받은 것은 오키나와 현내의 중학교 3학년생 사가라 린코(相良倫子)의 자작시 낭독이었다.

사가라 린코는 73년 전의 지상전에서 자신이 사는 사랑하는 섬이 죽음의 섬이 되었던 것을 노래하며 평화에 대한 심정을 똑바로 표현했다. 그 일부를 발췌하여 소개한다.

칠십삼 년 전,
내가 사랑하는 섬이 죽음의 섬이 된 그날.
작은 새의 지저귐은 공포의 비명으로 바뀌었다.

화염 방사기에서 내뿜는 불길, 어린아이의 울음소리,

모두, 살아 있었다.
나와 아무것도 다르지 않은,
열심히 사는 목숨이었다.

나날의 작은 행복을 기뻐했다. 손을 서로 붙잡고 살아온, 나와 같은, 인간이었다.
그런데.
파괴되고, **빼앗겼다**.

나는 손을 불끈 쥐고, 맹세한다.
빼앗긴 목숨을 생각하며,
마음으로부터 맹세한다.

내가 살아 있는 한
이렇게도 많은 목숨을 희생삼은 전쟁을, 절대 용서하지 않을 것을.

전력이라는 어리석은 힘을 가지는 것으로,
얻을 수 있는 평화따위 사실은 없다는 것을.

추모식에 참석한 총리대신이나 방위대신(국방 장관)의 바로 앞에서 열네 살 소녀는 종이를 보는 일도 없이 끝까지 고개를 치켜든 채 의연하게 자작시를 낭독했다. 이 낭독의 모습은 전국에 생중계되었으며 저녁 뉴스에서도 크게 보도됐다. 전쟁과 평화에 대한 소녀의 진지한 심정이 오키나와뿐만 아니라 전국의 많은 사람들의 가슴을 울렸다.

이 행사로부터 46일 후, 2018년 8월 8일 오나가 다케시 오키나와현지사가 췌장암으로 사망했다. 오나가 씨는 전 지사가 실시한 헤노코 연안 매립 면허를 철회하겠다는 의지를 7월 27일에 표명한 참이었다.

오나가 지사의 사망에 따라 거행된 2018년 9월의 오키나와 지사 선거에서는, 헤노코 새 기지 건설에 반대하는 다마키(玉城) 데니 씨가 자민당이 추천하는 후보를 크게 누르고 당선됐다. 그러나 일본 정부는 "오키나와 여러분의 마음에 다가가겠다."는 아베 총리의 말과는 반대로 11월이 되자마자 기지 건설을 위한 매립 공사를 재개했다.

2018년의 전(全)오키나와 전몰자 추모식의 취재에 앞서 나는 식장의 옆에 있는 '평화의 초석'을 찾았다. 바다를 바라보는 벼랑 가까이 끝쪽에 한반도 출신 전몰자의 이름이 나란히 새겨져 있다. 그곳에 이름이 새겨진 현재의 북한 지역 출신의 희생자는 82명, 한국 출신의 희생자는 382명이다. 한국인의 이름이 마지막으로 추가 각명된 것은 2019년으로, 그 오른쪽에는 아무런 글자도 새겨지지 않은 공백의 비석이 바다 쪽을 향하여 늘어서 있었다.

나는 그 검은 화강암 표면을 보면서 14년 전의 일을 떠올렸다.

일본이지만 일본이 아닌 오키나와

2004년 6월 23일 오키나와의 햇살이 사람들 머리 위로 쏟아지고 있었다. 일본에서는 오키나와전이라 불리는 오키나와전투 '위령의 날'인 이날, 오키나와에서는 학교도 휴교가 되고 각지에서 위령제가 거행된다. 아열대 섬은 하루 종일 진혼의 기도에 감싸인다. 나는 몸의 수분을 모두 빨아들일 것 같은 무더위 속에서 마부니 언덕에 서 있었다.

이 언덕을 찾는 사람은 누구나 '평화의 초석'을 보게 된다. 오키나와전투로 숨진 모든 사람들의 이름을 새긴 묘비이다. 물결모양으로 즐비하게 늘어서 있는 검은 화강암 벽에는 2020년 6월 현재 24만 1,593명의 전몰자의 이름이 새겨져 있다.

오키나와전투 당시 미군에 내몰린 오키나와 현민들이 이 마부니 절벽에서 몸을 던져 스스로 목숨을 끊었다. 오키나와 본도와 낙도 등 각지에서 주민들이 연이어 집단 자살했다. 이토만(絲滿)시의 다른 해안에서도 쫓기던 여고생 10명과 인솔 교사가 수류탄으로 자살했다. '적의 포로가 되느니 차라리 죽어라'라는 교육을 받고 있었기 때문이다. 오키나와는 지옥의 섬으로 변했다. 오키나와전투를 경험한 사람들에게 '지옥'이라는 말은 과장도 비유도 아니다.

한국 독자분들에게는 오키나와 현민의 희생에 대해 이해하고 동정하는 것은 어려울지도 모른다. 오키나와도 일본의 일부이며 한국에서 보면 식민지 지배와 전쟁의 가해자 측에 있는 것은 틀림없기 때문이다. 일본이 스스로 시작한 아시아 침략과 전쟁의 귀결로서 히로시마(廣島)·나가사키(長崎)의 원자 폭탄 투하가 있었고, 패전이 있었다. 한국인의 눈에는 오키나와전투의 참화도 '자업자득' '인과응보'로 비칠지도 모른다.

그러나 오키나와가 처음부터 일본의 일부였던 것이 아니다. 오키나와는 1429년부터 1879년까지 450년간 '류큐 왕국(琉球王國)'이라는 독립 국가였다. 중국으로부터 책봉을 받으며 조선과도 교류가 있었던 오키나와는, 1609년에 일본 사쓰마번(薩摩藩)에 침략을 당하며 에도 막부(江戶幕府)체제에 편입됐다. 일본이 근대적 국가가 된 후, 1872년에는 일본 정부가 '류큐번(琉球藩)'을 설치하였고, 그로부터 7년 후인 1879년에는 류큐번을 폐지하고 '오키나와현'을 설치했다. 이러한 일련의 '류큐 처분(琉球處分)'에 의해 류큐왕조는 멸망되었고 오키나와는 일본에 병합됐다.

군국주의의 고조와 함께 일본 정부는 오키나와 현민에게 '표준어'의 사용을 장려했다. 1907년경부터는 학교에서 오키나와 사투리를 쓴 아이의 목에 '방언찰(方言札)'을 거는 등 '방언의 섬멸'을 노린 시책이 실시되었다. 또 일본 정부는 '풍속 개량 운동'이라 칭하여 오키나와의 독자적인 풍습을 고치고 일본 본토와의 동화를 추진했다. 또 '개성개명(改姓改名)운동'이라 하여 오키나와 고유의 이름을 일본 본토식 이름으로 바꿀 것을 장려했다. 예를 들어 오키나와에 많이 있는 성인 '시마부쿠로(島袋)'를 '시마(島)'로, '도카시키(渡嘉敷)'를 '도가시(富樫)'로 바꿀 것을 권했다.

이런 시책은 '황민화 정책'이라고 불렸다. 오키나와를 일본 본토와 동화시키고 '대일본제국'이나 천황에 대한 충성심을 주민들에게 깊숙이 심기 위한 것이었다. 이런 방식은 조선의 식민지 지배와 공통점이 있다.

또 전시에 있어서 일본군은 오키나와 주민들의 행동을 엄격하게 감시하며 "오키나와 말(방언)로 말하는 사람은 간첩으로 간주하고 처분한다."라는 통달까지 내렸다. 실제로 간첩으로 간주되어 학살당한 주민도 있었다.

조선에 대한 식민지 지배와는 형태가 다르지만, 오키나와도 또한 우격다짐으로 일본 정부의 지배하에 편입된 역사를 가지고 있다. 태평양 전쟁 말기 일본은 오키나와를 본토를 방위하기 위한 '사석(捨石)'으로 삼았다. 오키나와는 미군의 공격을 막는 방파제였던 것이다. 그 결과 오키나와 주민의 4분의 1을 잃었다. 그리고 태평양 전쟁 패전 후에는 27년간 미군의 시정(施政) 아래에 놓이게 되었다. '총검과 불도저'에 의해서 주민의 땅은 수탈되었으며 1972년 본토에 복귀한 지 46년이 지난 지금도 일본 전체 면적의 0.6퍼센트에 불과한 이 작은 섬에 주일 미군 기지의 약 70퍼센트가 집중돼 있다. 그리고 오키나와에서는 미군 기지 소속의 군인·군속이 일으키는 사건과 사고가 수없이 발생하고 있다.

본토 복귀 전인 1955년 9월 3일 여섯 살 소녀 나가야마 유미코(永山由美子)가 미군 병사에게 강간당한 후 살해됐다. 시신은 해안에 유기되었고, 그 작은 손은 강간 현장의 풀을 잡고 있었다. 1959년에는 오키나와현 이시카와시(현 우루마시)의 미야모리(宮森) 초등학교에 미군 전투기가 추락하여 아동 12명을 포함해 모두 18명이 희생되었다. 1995년에는 오키나와 본도 북부에서 여중생이 3명의 미군 병사에게 성폭행을 당했다. 2016년 4월에는 우루마시에서 여자 회사원이 걷기 운동 중에 미국인 군속에게 습격당해 사망했다. 2017년 미군 헬기의 추락 또는 불시착이 잇따르면서 10월 11일에는 히가시(東村)촌 다카에(高江)의 목초지에 미군의 수송헬기 CH53이 추락해 불탔다. 같은 해 12월에는 아이들이 놀고 있는 기노완시 후텐마 제2초등학교 운동장에 비행중이던 미 해병대 소속 헬기에서 무게 8kg의 창틀이 낙하하는 사고도 일어났다. 영국인 저널리스트 존 미첼(Jon Mitchell) 씨가 입수한 미군의 군법회의기

록과 해군범죄수사국(NCIS)의 사건 기록에 따르면, 2015년과 2016년 2년 동안 오키나와 해병대원 59명이 성범죄로 복역하고 있었다. 성범죄의 피해자는 오키나와 주민들과 기지 내의 여성, 남성들이었다. 동물을 강간한 무시무시한 사건도 있었다.

미군 구성원에 의한 살인, 강도, 방화, 강간 등 강력범죄는 오키나와가 일본 본토에 복귀한 1972년 5월 15일부터 2015년 말까지 574건이나 발생했다. 오키나와에 미군 기지가 집중되고 그에 따른 사건이나 사고가 다발하고 있음에도 상황이 개선되지 않는 데에는, 오키나와에 그런 과중한 부담을 강요해도 상관없다는 차별 의식이(자각하고 있는지에 관계없이) 일본 본토와 일본 정부에 자리잡고 있기 때문이다.

'평화의 초석'과 조선인 전몰자들

'평화의 초석'에 새겨진 하나하나의 이름은 태평양 전쟁 말기의 오키나와전투에 의해서 빼앗긴 목숨들이다. 24만이라는 까마득한 수의 희생자의 이름은 이 언덕을 찾은 사람들을 압도한다. 이 '평화의 초석'은 군인도 민간인도 구별하지 않는다. 국적도, 그리고 적군이었는지 아군이었는지도 불문한다. 중국인, 조선인, 대만인, 그리고 일본이 적국으로서 싸웠던 미국인이나 영국인 등 오키나와 전투로 희생된 모든 전몰자의 이름이 새겨져 있다.

희생자의 이름은 출신지별로 나란히 있다. 압도적으로 많은 것은 살육 현장이 된 오키나와의 주민들의 이름으로 그 수는 2020년 6월 현재 14만 9,547명에 이른다. 이는 당시 오키나와현 인구의 약 4분의 1에 해당한다. 당시 군부는 이 섬을 일본 본토 방위를 위한 방파제로 현민을 총동원해 미군과 싸웠다. 비석에 엄연히 새겨져 있는 엄청난 수의 이름들은 주민을 끌어들인 지상전의 결과 그 자체이다. 오키나와전투 체험자뿐만 아니라 그 실상에 대해 조금이라도 배운 사람이면 '전시에 있어서 군대는 주민을 지키지 않는다'라는 사실을 알고 있다.

2004년 6월 23일 오키나와현이 주최한 전몰자 추도 식전이 시작되기 전, '평화의 초석'의 일각에서 조촐한 위령제를 진행하고 있는 사람들의 모습이 보였다. 순백의 한복을 입은 몇 명의 여성들은 비석을 향하여 무릎을 꿇고 있었다. 한국에서 온 오키나와전투 전몰자 유가족들이었다. 오키나와전투에서 누가 돌아가셨는지 우리는 위령제에 참석한 고령의 여성에게 물었다.

"오주용. 우리 오빠예요."

여동생인 오주복 씨가 손가락으로 가리키는 끝에는 오키나와전투에서 숨진 오빠의 이름인 '呉柱龍'이 한자로 새겨져 있었다. 오주복 씨의 목소리는 떨렸으며 손으로 눈물을 닦으면서 오빠는 열 명의 형제들 중 장남이었고 생각하면 억울하고 불쌍해서 안타깝다고 말했다.

이날 부산에서 오키나와를 찾은 유가족 중 한 명인 김임술 씨는 남편인 정영선 씨를 오키나와전투에서 잃었다. 두 사람은 정영선 씨가 21살 때 결혼했는데, 남편 정영선 씨는 갑자기 들이닥친 일본인 순경에게 끌려가서는 그대로 다시 돌아오지 않았다고 한다. 나중에 알게 된 바로는 끌려간 정영선씨는 오키나와의 일본 육군 제32군 사령부에서 잡역에 종사하는 군부(軍夫)로서 일을 하고 있었다. 일본군이 작성한 명부에 그렇게 씌어 있었던 것이다. 그 명부의 '사망 장소'란에는 '슈리(首里)'라고만 쓰여 있었다. 슈리는 현재는 오키나와현 나하시에 속하는 지역 이름으로 세계유산에 등록된 류큐 왕조 시대의 슈리성터가 있는 곳이다.

슈리성은 19세기까지 류큐 왕조 역대 왕들이 사는 거성(居城)이었다. 세 번의 화재로 인한 소실과 재건을 거친 슈리성은 1945년 오키나와전투로 정전(正殿)을 비롯한 류큐 왕조의 사적과 문화재가 모두 불타 없어졌다. 오키나와전투를 지휘한 일본 육군 사령부가 슈리에 있었기 때문에 미군의 격렬한 폭격을 당했던 것이다.

오키나와를 찾는 대부분의 관광객들은 관심이 없겠지만 슈리성의 지하에는 일본 육군 제32군 사령부가 있었다. 오키나와현의 설명을 빌리면 이 사령부호(壕)는 지하 약 30미터에 있는 갱도로 길이 약 375미터의 주갱도를 중심으로 뻗어나가 총 천 수백 미터에 달했다고 한다.

제32군이 이 사령부를 버리고 오키나와 본도 남부로 철수할 때 지하호의 주요 부분과 출입구를 폭파했기 때문에 지금은 갱도의 대부분이 매몰돼 있다. 오키나와전투의 실상을 전하는 전쟁 유산으로서 이 제32군 사령부호의 공개가 검토된 적도 있지만, 내부는 산소 농도가 낮고 붕괴 가능성도 있어서 실현되지 않고 있다.

한국에서 온 김임술 씨는 한국인 전몰자의 이름이 새겨진 '평화의 초석' 앞에서 위령제를 마친 뒤 몇 명 유족들과 함께 제32군 사령부호의 흔적을 찾았다. 슈리성 북쪽에 있는 길에서 계단을 내려가 숲속으로 들어가자 구멍이 뚫린 콘크리트 구조물이 나타났다. 사령부 지하호를 지키기 위한 토치카(방어 진지)였다. 구멍 안을 들여다볼 수는 있지만, 철제 펜스로 막혀 있어 토치카나 지하호 내부에는 들어갈 수 없었다. 그 앞에 선 김임술 씨는 고통스러운 표정을 지으며 말했다.

"나에게 그런 능력이 있으면 안에 들어가 남편의 손을 잡고 영혼만이라도 데리고 나오고 싶은데 그것도 못하고……얘기를 들으면 괴로워서 죽을 것 같아요."

김임술 씨의 딸인 정정자 씨(취재 당시 62세)는 아버지의 얼굴을 본 적이 없다. 정정자 씨는 아버지가 이 부근에서 돌아가셨다는 설명을 듣고는 깊은 한숨을 내쉬었다.

"그렇습니까…아버지는 여기서 돌아가셨습니까…"

정정자 씨는 그렇게 중얼거리며 토치카 전면부에 친 펜스에 손을 얹고 안을 들여다보며 흐느꼈다.

오키나와전투로 숨진 한반도 출신자의 정확한 인원수는 알려지고 있지 않다. 수천 명이라고도 하고 만 명 이상이라고도 한다. 그러나 오키나와전투로 숨진 모든 전몰자들의 이름을 새긴다고 하는 '평화의 초석'에 새겨진 한반도 출신자 인원수는 2004년 6월 시점에서 불과 423명이었다. 실제의 사망자 수와는 거리가 멀었다. '평화의 초석'의 한반도 출신 전몰자 이름의 오른쪽에는 아직 이름이 새겨지지 않은 큰 공백이 남아 있고 검은 돌 표면에 주위의 풍경이 비치고 있었다. 왜 이것밖에 새겨지지 않았을까.

어느 역사가의 조사

'평화의 초석'은 전후 50년인 1995년에 오키나와현이 건립한 위령 시설이다. 당시 현지사는 오키나와전투 체험자인 오타 마사히데(大田昌秀) 씨였다. '평화의 초석'의 설립 기본 이념은 오키나와전투로 숨진 국내외 모든 사람들을 추도하고 평화의 소중함을 재확인하여 세계의 영구적인 평화를 기원한다는 것이다. 더불어 비참한 전쟁 체험이 빛바래지 않도록 하여 그 교훈을 후세에 올바르게 계승해 나가자는 목적도 있다. 엄밀히 말하면 이 '평화의 초석'은 아직도 완성되지 않았다. 매년 새로 밝혀진 전몰자 이름을 '추가 각명'으로 계속 새기고 있기 때문이다.

모든 전몰자 중에는 물론 한반도 출신 군인과 군속들도 포함되어 있다. 오키나와현은 한반도 출신 전몰자 이름을 새기는 데 있어서 우선 일제시대에 일본군이 작성한 명부를 살폈다.

　도쿄 가스미가세키(霞ヶ關)에 있는 후생노동성의 창고에는 일본군에 재적했던 조선인의 명부가 보관되어 있었다. 외지에 있던 육군 각 부대의 군인·군속의 이름을 기입한 '유수 명부(留守名簿)', 해군의 '군인 이력 원표(軍人履歷原票)'등에 모두 24만 3,992명의 조선인들의 이름이 적혀 있었다. 이 명부들을 촬영했는데, 아주 오래된 것이라서 들어올리니 적갈색 종이 부스러기가 부슬부슬 떨어졌다 (명부는 그 후 국립공문서관으로 이관되었다). 그리고 일본의 구 후생성(현 후생노동성)이 이 약 24만 명의 명부에서 사망자만 발췌하여 만든 명부가 '구 일본군 재적 조선 출신 사망자 연명부(舊日本軍在籍朝鮮出身死亡者連名簿)'이다. 기재된 사망자 수는 2만 1,919명이다.

　오키나와현은 1993년 이 사망자 명부에서 오키나와전투와 관련해서 사망한 조선인만을 다시 추려내어 '오키나와전 조선인 전몰자 명부(沖繩戰朝鮮人戰沒者名簿)'를 독자적으로 작성했다. 그 이름들을 '평화의 초석'에 새기기 위해서였다. 전몰자 명부에 기재된 조선인은 419명에 불과했다. 하지만 실제로는 이보다 훨씬 많은 조선인이 오키나와전투에서 숨졌다.

　419명의 조선인 이름을 평화의 초석에 새길 때 큰 문제가 생겼다. 군의 명부에 기재된 이름은 예를 들면 '가네다(金田)' '아라이(新井)'처럼 일본명으로 씌어 있었던 것이다. 그런 일제시대의 일본명(창씨명)을 그대로 초석에 새길 수는 없었다. '평화의 초석'에 새길 때는 당연히 원래의 이름으로 되돌려서 새겨야 한다.

오키나와현이 작성한 조선인 전몰자 명부에는 일본명 외에 소속 부대명, 사망 연월일, 사망 장소, 조선의 본적지, 친권자의 이름과 주소 등을 적는 칸이 있다. 전몰자의 원래 이름을 알 수 있는 단서는 이 명부에 적힌 내용밖에 없다. 만약에 명부에 적힌 한반도의 가족 주소에 지금도 유족들이 살고 있으면 조사는 빠르게 진행될 수 있다. 또 전몰자의 출신지 지자체나 읍, 면의 사무소에 전몰자의 옛 호적이 남아 있으면 원래의 이름은 바로 밝혀질 수 있을 것이다. 일제시대에 작성된 호적에는 창씨개명 후의 이름과 원래의 본명3)이 둘 다 쓰여 있기 때문이다.

그러나 실제로는 간단하게 신원이 판명되는 경우는 거의 없었다. 해방 후 50, 60년이 지나 명부에 적힌 주소에 지금도 유가족들이 살고 있는 경우가 거의 없었다. 심지어 명부에 기재된 원래 주소 자체가 불완전한 것이거나 완전히 잘못된 경우도 있었다. 이렇듯 명부에 적힌 불확실한 정보를 단서로 사망자의 본적을 알아내고 한국 각지의 지자체나 읍, 면의 사무소 등을 찾아다니면서 방대한 옛 호적부에서 전몰자의 호적을 찾아내야 했다. 호적을 찾아낼 수 있었던 경우는 그 다음에 유가족을 직접 찾아가서 '평화의 초석'에 전몰자의 이름을 새겨도 되는지 동의를 구해야 했다. 유족의 동의를 받아야 전몰자의 이름을 '평화의 초석'에 새길 수 있는 것이었다. 까무러칠 정도로 험난한 작업으로 도저히 오키나와현의 직원이 할 수 있는 일이 아

---

3) 창씨개명 연구자들은 '본명'이란 말을 '법률상·호적상 이름'이라는 의미로 쓰는 경우가 있는데, 이 책에서는 '본명'이란 말을 '한국인의 원래 이름'이라는 의미로 사용한다.

니었다.

오키나와현은 '평화의 초석'의 건설에 있어서 당초 오키나와현 나하시에 있는 한국 영사관을 통해 당시의 한국 외무부(현 외교부)에 전몰자 조사를 의뢰했다. 그 의뢰를 받아 외무부가 전국 각 도를 통해 전몰자의 호적을 조사한 결과 196명의 본명을 알아냈다고 한다. 그러나 이 중 이름을 새길 수 있었던 것은 겨우 12명뿐이었다. 명부에 있던 주소지에 더 이상 살고 있지 않은 유족들이 많아서 대부분의 유족들에게 연락이 안 됐던 것이었다.

다행히 유족을 찾아낼 수 있었다고 해도 그 유족이 '평화의 초석'에 전몰자의 이름을 새기는 것에 반드시 동의해 준다고는 할 수 없다. 이는 일제시대에 일본이 일으킨 침략 전쟁에 협력한 것을 불명예스러운 것으로 여기고 비석에 이름을 새기기를 거부하는 유족도 있기 때문이었다. 또 본적지를 떠나 타향으로 이사한 유가족의 추적 조사는 각 도청으로서는 부담이 너무 컸다. 한국 정부는 그 이상의 조사는 어렵다고 오키나와현에 전했다고 한다.

그래서 1995년 오타 마사히데 당시 오키나와현지사가 조사를 의뢰한 사람이 한국 명지대학교 사학과 교수인 홍종필 씨였다. 홍종필 교수의 전문분야는 한반도로부터의 이민 연구였지만, 오키나와의 역사에 대해서도 잘 알고 있었다. 오타 지사는 마침 한국 KBS방송국의 취재로 오키나와현을 방문한 홍종필 교수를 알게 되었고, 오키나와현은 '평화의 초석'에 한반도 출신 전몰자 이름을 새기기 위한 조사와 유족 설득을 의뢰했다.

오타 마사히데 지사 이름으로 오키나와현이 홍종필 교

수에게 보낸 의뢰서에는 다음과 같이 쓰여 있다.

"본현(오키나와현)은 지난 제2차 세계대전 말기 태평양 전쟁에서 일본 내에서 유일하게 미·일 양군에 의한 지상전이 펼쳐진 땅이며, 일반 주민을 포함해 20만여 명 이상의 소중한 생명과 귀한 재산을 잃었습니다. (중략) 본현이 체험한 전쟁의 교훈을 바르게 다음 세대에 계승하고 평화를 원해 마지 않는 '오키나와의 마음'을 안팎을 향해 널리 전하는 것은 살아남은 자의 큰 사명이자 책무라고 생각하고 있습니다."

오키나와현은 홍종필 교수에게 조선인 전몰자 319명의 정보가 기재된 명부를 건네주며 본명의 조사와 유족의 설득을 의뢰했다. 1995년 4월 13일, 오키나와와 한국에 얽힌 역사의 어둠을 조명하는 사업이 시작되었다.
내가 홍종필 교수와 처음으로 만난 것은 조사가 시작되고 9년이 지난 2004년 6월이었다. 홍종필 교수에 대해서는 일본 여배우 구로다 후쿠미(黑田福美) 씨가 나에게 알려 준 것이다. 구로다 후쿠미 씨는 1977년 데뷔 이후 수많은 영화나 드라마에 출연하며 항상 높은 평가를 받고 있는 배우이다. '한국통'으로서도 유명하고 한국에 관한 저작도 많다.
구로다 씨는 내가 근무하는 TBS텔레비전으로 일부러 나를 찾아와 홍종필 교수가 그동안 해 온 조사의 의의나 노고에 대해서 자세히 설명해 줬다. 내가 그 뒤 시사 프로그램 PD로서 대부분의 시간을 한국 취재에 쓰게 된 것은 그때 구로다 씨의 정보 제공이 계기가 되었다고 해도 과언이 아니었다.

2004년 6월 22일, 다음날의 전몰자 위령식에 참석하기 위해 홍종필 교수는 오키나와 현내의 호텔에 있었다. 우리 취재팀이 찾아가자 홍종필 교수는 조선인 전몰자 명부를 가리키며 일본어로 이렇게 말했다.

"이거, 보세요. 이런 본적이 어디 있습니까?"

전몰자명 칸에는 '가와구치 간(川口完)'이라는 일본명이 적혀 있었다. 소속은 육군 '보병 제22연대(歩兵第22連隊)'이고 사망 장소는 '오키나와현 나카가미군(中頭郡) 니시하라무라(西原村) 고치(幸地)'라고 되어 있었다. 하지만 본적지 칸에는 그냥 '부산부(釜山府)'라고밖에 적혀 있지 않고, 동 이름도 번지도 없었다. 친족의 이름과 주소를 적는 곳도 공백이었다. 부산부는 현재의 부산광역시로 인구는 2004년 시점에서 약 370만. '가와구치 간'이라는 일본명만으로 호적을 찾아내는 것은 사실상 불가능한 일이었다.

"이건 조사 못합니다. 이걸 어디서 조사합니까?"

명부에 이름이 있던 사람들 대부분은 정식 일본군인이 아닌 노역을 맡은 '군부(軍夫)'들이었다. 소속 칸에는 '水勤隊'라는 글자가 적혀 있었다. 수근대란, 해군의 '특설 수상근무중대'를 말한다. 조선인 군부들은 이 부대에서 짐을 싣거나 포탄을 운반하거나 지하호를 파는 등 중노동을 해야 했다. 홍종필 교수는 수근대에 징용된 사람들은 거의 다

농민이었다고 설명했다.

"농부들은 여름에는 새벽 다섯 시, 여섯 시경에 농지로 나가서 일을 하고는 오후 일곱 시나 여덟 시경에 집으로 돌아갑니다. 이때를 맞춰 거기에 일본 경찰과 면사무소 직원이 문 앞에 지키고 있다가 강제로 트럭에 태워 데려갔습니다. 그들 중 교육을 받은 사람은 거의 없었습니다. 자기 이름조차 쓰지 못하는 사람도 있었습니다. (젊은 남자가 끌려갔기 때문에) 그 가족들은 더 가난한 생활을 해야 했었습니다. 정말 불쌍해요."

가뜩이나 가난한 농가는 징용 때문에 소중한 일꾼을 잃었다.

조사할 때 호적이 있는 사람은 그래도 낫지만 농가에 고용살이하는 머슴 같은 경우에는 호적이나 성조차 없는 사람도 있었다고 한다. 그런 경우는 명부에 있는 주소로 직접 찾아가서 현지에서 청취 조사를 할 수밖에 없다. 주민들에게 "이 근처에 옛날에 일본명으로 뭐뭐라고 불렸던 사람이 있었는지 혹시 모르시나요?" 이렇게 물으면서 다니는 것이었다.

홍종필 교수가 지방에 가서 전몰자 조사를 하고 있으면, 서울에서 뭐 하러 왔느냐며 주민들에게 의심을 받은 적도 있었다고 한다. 어느 날 주민들이 홍종필 교수에게 "일제시대의 일을 왜 그렇게 파헤치는 건가? 당신은 친일파인가?"라고 따지기도 하였다.

"저는 애국자이고 친일파가 아닙니다. 이런 전쟁을 다시 일으키지 않기 위해서 조사하는 겁니다."

홍종필 교수는 그렇게 대답했다고 한다.

'사망자'로서 명부에 기재된 본인이 실제로 징용되었다고 단정할 수 없는 경우도 있었다. 부잣집 아들이 징용을 당하게 되면, 대신 하인을 보낸 경우도 있었다. 또 그 집에서 제사를 지내야 하는 장남 대신 차남을 보낸 경우도 있었다고 한다.

오키나와전투 조선인 전몰자의 조사에는 그 이외에도 장애 요인이 많았다. 우선 많은 호적이 한국 전쟁 때문에 소실되었다. 또 북한에 의한 간첩 방지 때문에 관공서가 개인 정보 공개에 신중을 기하기도 하였다. 호적 열람에 경찰이 입회한 적도 있다고 한다. 또 요즘 들어 한자가 대부분인 옛 호적을 읽을 수 있는 공무원이 적어지고 있다.

명부에 기재된 내용이 정확하지 않은 것이 조사를 더 어렵게 만들기도 했다. 징용된 사람들 중에는 제대로 교육을 못 받아 자기 본적이나 주소를 정확히 말하지 못한 사람도 있었다. 또 나중에 탈주할 결심을 하고는 추적을 피하기 위해 일부러 허위로 주소와 본적지를 신고한 사람도 있었다고 한다.

창씨개명

더욱이 명부에 기재된 일본명으로 본명을 추측하는 작업

도 매우 어려워 고도의 지식과 조사 능력이 필요했다. 예를 들어 '가네다(金田)'는 '김씨', '아라이(新井)'는 '박씨'처럼 창씨에도 어느 정도 경향이 있어서 본명을 쉽게 추측할 수 있는 경우도 있지만, 창씨개명할 때 일본식 씨(氏)를 정한 이유와 경위는 아주 다양했다. 본명과는 직접 관계없는 씨(氏)를 신고한 사람도 많았다.

창씨개명이라고 하면, 한국에서도 일본에서도 '일제시대에 조선인 이름을 일본식 이름으로 강제로 바꿨던 제도'라고 알고 있는 사람들이 많은 것 같다. 구체적으로는 어떤 제도였을까. 재일 교포 2세인 김영달(金英達 1948~2000)씨의 저서 〈창씨개명의 연구〉(원제〈創氏改名の研究〉)는 창씨개명에 대한 뛰어난 해설서로서 알려져 있다. 이 책이나 일제시대의 자료 등을 참조하면서 정확히 이해하고자 한다.

우리는 자주 '창씨개명'이라고 한 단어로 말하지만, 실제로는 '창씨'와 '개명'은 다른 제도이고 절차도 달랐다. 창씨개명은 조선 총독부가 1939년 11월 10일 공포한 제령(制令) 제19호 '조선 민사령 중 개정의 건'과 제령 제20호 '조선인의 씨명에 관한 건'이라는 두 개의 제령에 따른 것이다. 제19호가 창씨에 관한 제령이고 제20호가 개명에 관한 제령이다. 창씨는 새로 '씨(氏)'를 설정하는 것이고, 개명은 이름을 일본식으로 바꾸는 것이다

우선 창씨부터 살펴보고자 한다. 창씨, 즉 씨의 창설은 1940년 2월 11일부터 8월 11일까지 6개월 동안에 완료되었는데, 제령 제19호의 부칙에는 다음과 같이 씌어 있다.

제2항
조선인 호주는 본령 시행 후 6개월 이내에 새로 씨를 정하고 이를 부윤 또는 읍면장에게 신고해야 한다.
제3항
전항의 규정에 따른 신고를 하지 않았을 때는 본령 시행 시의 호주의 성을 씨로 한다.

새로운 씨의 신고 기한은 1940년 8월 10일이었다. 이날까지 신고를 하지 않았을 경우는 제3항의 규정에 따라 그때까지 쓰던 성이 그대로 씨가 되었다. 예를 들어 '김(金)'이라는 성을 가진 사람이 마감날까지 아무 신고도 하지 않았을 경우는 '金'이 그대로 새로운 씨가 되었다는 것이다.

그동안 쓰던 대로 '김'을 사용하는 것을 허용한 점으로만 보면 창씨는 강제적인 제도가 아니었던 것으로 보이기도 한다. 그러나 그것은 오해이다. 창씨가 이루어진 후의 '金'은 남계(男系) 혈통에 붙여진 조선의 '성(姓)'과 달리 일본의 제도에 따라 일가에 붙여진 '씨'이다. 조선의 성은 원래 남계의 혈통에 붙여진 칭호였다. 즉 호주의 아내는 자신의 아버지의 성을 썼다. 하지만 창씨는 집안의 칭호로서 씨를 새로 만든 것이므로 아내도 호주와 같은 씨를 쓰게 되었다.

예를 들어 호주의 아내의 원래 성이 이(李)라도 창씨 후에는 호주와 같은 '金'으로 바뀌었다. 호주인 남편의 씨만 보면 변함이 없는 것으로 보이지만 일본 제도에 맞춘 씨로 의미가 바뀌었다. 창씨가 법령에 의한 강제적인 조치였다는 것은 틀림없는 사실이다. 다만 종래의 성은 호적상 '성 및 본관'의 칸으로 옮겨져, 성이 호적에서 완전히 소멸한 것은 아니었다.

다음으로 개명에 대해 보고자 한다. 개명은 앞서 기술한 대로 제령 제20호 '조선인의 씨명에 관한 건'에 따른 것이다. 개명은 성(씨)과 이름을 일본식으로 바꾸는 제도로 창씨와 달라서 법적 강제성은 없었다. 한편 일본식으로 바꾼다고 해도 역대 천황의 이름을 붙이는 것은 금지되었다.

일제시대에 경성부(현재의 서울)가 발행한 〈경성휘보〉 1940년 2월호에는 창씨개명의 해설 기사가 게재되어 있다. 그 기사 중 개명에 대한 부분에 이런 설명이 있다.

"모처럼 내지인(內地人)의 씨를 설정해도 종래의 이름 그대로라면 내지인 식의 씨명으로서 어울리지 않는 경우가 많다고 생각합니다. 씨와 어울리게끔 이름을 바꾸려면 법원의 허가를 받아야 합니다."

기사에는 이어 신고 기간 내에 창씨의 신고를 하지 않았을 경우 어떻게 되는지 씌어 있다.

"쇼와 15년(1940년) 8월 10일까지 (새로운)씨의 신고를 하지 않은 경우는 2월 11일의 호주의 성이 그대로 씨가 됩니다. (중략) 그래서 종래의 김(金)이나 이(李)를 그대로 씨로 하고 싶은 자는 신고를 하지 않고 그냥 내버려두면 됩니다."

김영달 씨의 〈창씨개명의 연구〉에 따르면 1941년 8월 11일까지 창씨를 한 조선인 집은 100퍼센트였다. 다만 신고 기한이 지난 후에도 씨를 일본식으로 변경할 수는 있었다. 그러한 경우도 포함해 일본식 씨를 설정한 집은 1941년 말까지 81.6퍼센트에 달했다. 한편 이름을 일본식으로 바꾼 사람은 9.6퍼센트에 그쳤다.

창씨가 100퍼센트가 된 것은 강제이기 때문에 당연한 일이지만, 이들 씨가 모두 '가네다' 같은 일본식 이름이 되었다는 것을 의미하는 것은 아니다. 앞에서 기술했듯이 창씨는 신고 기한까지 아무것도 신고하지 않으면 원래 성이 그대로 씨가 되었다. 金, 李, 朴 같은 성이 그대로 씨로서 호적에 기재된 일가도 많았다. 또한 일본식 이름으로 개명한 사람은 약 1할에 그쳐, 이름은 본명을 그대로 사용한 사람이 대부분이었다.

예를 들어 김학량(金學良)이라는 사람이 金田良男(가네다 요시오)로 정하면 그 씨도 이름도 모두 일본식으로 개명한 것이 된다. 金田學良이라고 한 경우는 씨만 일본식으로 개명하고 본명인 '학량'은 개명하지 않고 그대로 남긴 것이 된다. 씨도 이름도 호적에는 다 한자로만 기재되었기 때문에 어떻게 발음할지는 상관이 없었다.

창씨와 개명 제도는 아주 복잡해서 짧은 시간에 이해하기는 어렵다. 〈창씨개명의 연구〉에서 소개된 자료 〈식은조사월보(殖銀調査月報)〉 제30호 (조선식산은행 조사부 1940년 11월 발행)에서는 해설자가 질문에 대답하는 형식으로 창씨개명에 대해서 설명하고 있다.

질문: (전략) 창씨개명은 법률상 어떤 의미가 있습니까?
회답: 조선인의 종래 이름은 엄밀한 의미의 성명(姓名)

이었습니다. 이것을 이번에 새로 씨명(氏名)으로 변경하는 것이 창씨개명입니다.

질문: 그 성명과 씨명의 구별이 모르겠습니다.

회답: 성은 (중략) 아버지의 핏줄 즉 남계의 혈통을 나타내는 명칭입니다. 이에 대해서 씨는 호주를 장(長)으로서 형성되는 가(家)의 칭호입니다.(중략)

질문: 그렇다면 창씨는 모두 해야 하네요.

회답: 그렇습니다. 조선인의 모든 가(家)에 각각 종래 없었던 가(家)의 칭호인 씨가 새로 설정돼야 합니다.

질문: 창씨개명한 사람에 대해서는 새로운 씨명으로 부르는 것이 당연하네요.

회답: 물론 그래야 됩니다. 창씨개명을 하기는 했는데 일반적으로는 옛 성명을 말하고 있다면 창씨개명의 본지는 달성할 수 없습니다.

그런데 당시의 조선 사람들은 창씨할 때 어떤 이유로 씨를 정했던 것일까. 그것을 아는 데 도움이 될 자료가 있다. 1988년에 재일본 대한민국청년회가 발행한 〈아버지 들려주세요 그날 일을 — "우리의 역사 되찾기 운동" 보고서 —〉라는 책이다. 이 책에는 재일본 대한민국청년회가 1982년 10월부터 83년 1월까지 실시한 설문 조사의 결과가 실려 있다. 설문 대상은 1910년부터 1945년 사이에 한반도에서 일본으로 도항해 온 재일 한국인이며 1106명으로부터 회답을 얻었다.

이 설문 중, 창씨개명 때 어떻게 일본명을 정했는가라는 질문에 대한 회답의 일부를 소개한다. 회답자들 중에는 창씨 때 정한 씨와 재일 한국인들이 일상 생활에서 사용하는 통명(通名)을 혼동하는 사람도 있는 듯 하나, 일제시대의 창씨개명에 관한 귀중한 증언이 많이 포함되어 있다.

· 본명의 '김'을 남기고 싶어서 '가네다(金田)'로 했다.
· 본관 중 같은 파의 어르신들이 정한 것에 따랐다.
· 일본명을 만들 마음이 없었다. 부산에서 표를 살 때 일본명을 만들지 않으면 일본으로는 못 간다고 들어서 지었다. 원래의 '김'은 남도록 '가네모토(金本)'라고 지었다.
· 경찰이 시끄럽게 굴어서 내가 생각했다. '고(高)'에 야마(山)를 붙였을 뿐. (高山 다카야마)
· 다니던 소학교 교장 선생님이 '나리타(成田)'라고 지었다.
· 김해 김씨라서 '金海'라고 했다.
· 나는 광산 김씨니까 본명을 남기려고 생각해서 '가네미쓰(金光)'로 했다.
· 이웃 사람이 그렇게 했으니까 '후쿠다(福田)'라고 지었다.
· 신씨는 모두 '히라야마(平山)'로 했으니까. '평산 신씨(平山申氏)'라서.
· 고향이 경남 밀양군 청도면(清道面)이라서 '기요모토(清本)'로 했다.
· 이(李)는 나무(木)라는 글씨가 위에 있으니까 나무가 높다는 의미로 '다카기(高木)'로 했다.
· 출신지인 월성(月城)군의 '월'과 본명의 '이(李)'의 두 글자로 '쓰키리(月李)'라고 했다. 죽어도 월성군과 경주 이씨를 잊지 않도록.

- 당시 면사무소의 높은 분이 '이무라(井村)'라고 지었다. 박씨는 보통 '아라이(新井)' 등 우물 정자를 넣어 많이 지었으니까 그 마을로서 '이무라'라고 지었다.
- 자신의 본관에서 따 와 '호시야마(星山)'.
- 평해 황씨였으니까 '히라마쓰(平松)'로 했다. 무조건 경찰이 제멋대로 만들어 와서 이걸 쓰라고 했다.

'박'의 경우는 '아라이(新井)' 등 우물 정자를 포함한 씨로 신고한 집이 많았다. 이것은 밀양 박씨가 시조로 하는 신라 초대 왕 박혁거세(朴赫居世)가 라정(蘿井)이라는 우물 옆에서 태어났다는 전설에 유래한다.

조사를 중지한 오키나와현

창씨개명 때 일본식 씨를 정한 이유나 유래는 정말 다양했다. 그리고 이러한 다양성은 군 명부에 기재된 일본명을 단서로 본명을 밝혀내려는 홍종필 교수의 조사를 더욱 어렵고 힘들게 했다. 오키나와현이 지출하는 연간 120만 엔(약 1200만 원)의 비용만으로는 조사비가 부족하여 홍종필 교수는 사비까지 들여서 조사를 했다고 한다. 홍종필 교수가 이렇게 어려운 조사를 하고 있는 모습을 보고 시청이나 지방의 사무소 직원이 "교수님, 아직도 이런 조사를 계속하고 계세요?"라고 어이없다는 얼굴로 말한 적도 있었다고 한다. 그러나 홍종필 교수는 이 조사는 역사가의 사명이라고 말했다고 한다. 나는 취재 중에도 홍종필 교수의 입에서 '역사가의 사명'이라는 말을 몇 번이나 들었다. 해마다 조사가 어려워지는 가운데에서도 한반도에서 끌려가 오키나와에서 죽은 사람들의 역사를 반드시 밝혀야 한다는 사명감이 홍종필 교수에게 있었다.

그러나 홍종필 교수가 오키나와현의 위탁을 받고 조사를 시작한 지 9년이 되자, 오키나와현은 태도를 확 바꿨다. 오키나와현이 홍종필 교수에게 조사를 위탁한 명부에 기재된 조선인 전몰자는 319명이었다. 홍종필 교수는 예비 조사를 포함해 9년간 이들 중 289명의 조사를 마쳤고, 30명만 남게 되었다. 그런데 2004년 오키나와현의 당시 평화추진과는 홍종필 교수에게 조사 위탁을 2004년 3월부로 중지하겠다고 통보했다.

같은 해 6월 22일 홍종필 교수는 다음날 오키나와현 이토만(絲滿)시에서 열리는 전몰자 추도식전에 참석하는 유족들을 인솔하기 위해 오키나와를 방문했다. 다만 홍종필 교수가 오키나와를 방문한 것에는 또 하나 큰 목적이 있었다. 한반도 출신 전몰자의 조사 위탁을 왜 중지하는지 그 이유를 이나미네 게이치(稻嶺惠一) 당시 오키나와현지사를 직접 만나 물어보는 것이었다.

1998년의 오키나와현지사 선거에서 이나미네 게이치 씨는 현직 지사이자 '평화의 초석'을 설립한 오타 마사히데 씨를 꺾고 당선됐다. 오타 전 지사는 일본사회당, 일본공산당 등 진보 정당의 추천을 받고 있었는데, 새로 지사가 된 이나미네 씨는 보수 정당인 자민당의 추천을 받고 있었다.

전몰자 추도식 다음날인 2004년 6월 24일 홍종필 교수는 오키나와현청을 방문했다. 홍종필 교수는 이나미네 지사와의 면담을 분명히 약속잡았다고 한다. 그러나 기마 도모아키(儀間朝昭) 지사공실(知事公室) 차장은 '지사와의 면담은 약속되어 있지 않다'며 홍종필 교수를 부지사실로 안내하려고 했다.

기마 지사공실 차장: 부지사실로 안내해 드리겠습니다.
홍종필 교수: 아니, 저는 부지사하고는 약속하지 않았습니다. 지사하고 약속한 겁니다. 이나미네 지사는 안 계십니까?
기마 지사공실 차장: 제가 (전화로) 말한 것은 삼역(三役)으로 대응하겠다는 것이었습니다. 다만 지사라고는 약속 못 드린다고 말했습니다.

현의 '삼역'은 지사, 부지사, 출납장(出納長)을 말한다.
홍종필 교수에게 조선인 전몰자의 조사를 의뢰한 것은 이나미네 지사의 전임자인 오타 마사히데 씨였다. 조사를 의뢰했을 때 오타 씨는 홍종필 교수를 현청에 초대해 직접 만났다. 그리고 홍종필 교수는 9년에 걸친 조사에서 큰 성과를 올리며 오키나와현이 추진하는 '평화의 초석' 사업에 기여해 왔다. 오키나와현이 조사를 중지하려면 현직 지사인 이나미네 게이치 씨가 직접 홍종필 교수에게 그 이유를 설명하는 것이 순리가 아닐까. 그러나 이날 오키나와현은 홍종필 교수와 지사와의 만남을 거부했다.
결국 홍종필 교수를 응대한 사람은 히가 시게마사(比嘉茂政) 당시 부지사였다. 나는 면담의 자초지종을 지켜봤다. 홍종필 교수와 히가 부지사와의 면담은 시작부터 긴장감에

휩싸였다. 히가 부지사는 이나미네 지사와 면담하지 못하는 것에 대해 사과한 뒤, 준비된 문서를 읽기 시작했다.

"한국 출신 전몰자의 추가 각명에 대해서는 한국의 지리, 역사에 조예가 깊은 홍종필 선생님에게 조사 위탁해 왔습니다. 1997년 1월에 위탁 조사를 시작한 이래, 한국 전토에 걸쳐 발로 다니며 조사해 주신 선생님의 노력에 대해 깊이 감사드립니다. 지금까지의 결과로서 한국 출신 전몰자는 341명이 각명되었는데, 그 중 84%인 286명은 선생님께서 전력을 다해 주신 덕분입니다. 현시점에서 30명의 한반도 출신 전몰자의 조사가 아직 끝나지 않습니다만, 이분들에 대해서는 호적이 한국 전쟁으로 소실되거나, 유족분의 행방을 알 수 없거나 하여 정보 수집이 어려운 상황에 있다고 들었습니다. 이들 30명의 전몰자에 대해서는 새로운 사업을 통해 대응해 나가고 싶다고 생각합니다. 이러한 오키나와현의 사업에 대해 선생님께서 조언을 주시면 감사하겠습니다. 선생님께서 그동안 진력해 주신 데에 대해 다시 한번 감사드립니다."

오키나와현이 1995년 홍종필 교수에게 조사를 의뢰한 조선인 전몰자는 319명이었다. 이 중 약 94퍼센트에 해당하는 300명의 본명이 홍종필 교수의 조사로 판명났으며, 홍종필 교수가 유가족들을 설득해서 대부분의 전몰자의 이름을 '평화의 초석'에 새길 수 있었다. 앞서 기술한 것처럼 조사와 유족 설득의 어려움을 생각하면 이것은 놀라운 성과이다. 향후의 조사에도 홍종필 교수의 협조가 필수적인 것은 누구의 눈에도 명백한 것임에도 오키나와현이 왜 여기에서 조사 위탁을 중지하는지 이해되지 않았다.

오키나와현이 홍종필 교수에 대한 위탁을 해지하는 표면상의 이유는 두 가지였다. (1) 남은 30명의 전몰자의 호적 조사가 어려우므로 (2) 지금까지 사용해 온 전몰자 명부를 다시 만들어야 되므로, 라는 것이다.

그 중에서도 (2)의 이유는 이해하기 어렵다. 위탁이 해지되기 1년 전인 2003년에 오키나와현은 '평화의 초석'에 새기는 전몰자의 사망 시기를 확대한 바 있다. 그전까지 오키나와현은 미군이 오키나와 게라마(慶良間)열도에 상륙한 1945년 3월 26일부터 항복 문서가 조인된 9월 7일까지 오키나와전투와 관련해서 사망한 사람을 '평화의 초석'의 대상으로 해 왔다. 그러나 오키나와현은 2003년에 이 방침을 변경해 오키나와에 일본 육군 제32군이 설치된 1944년 3월 22일부터 항복 문서 조인의 1년 뒤인 1946년 9월 7일까지 오키나와전투와 관련해서 사망한 사람을 대상으로 하기로 했다. 종래보다 앞뒤로 1년씩 약 2년간 대상 기간이 길어진 것이다. 기간 확대에 따라 전몰자 명부도 확대가 필요하게 됐다. 즉 후생노동성에 있는 조선인 군속 명부를 다시 열람하고 대상을 확대한 약 2년치의 사망자 기록을 옮겨 적어야 한다. 명부를 확대하여 더 많은 전몰자의 이름을 '평화의 초석'에 새기려면 당연히 더 많은 조사가 필요하게 된다. 그렇다면 왜 실적이 있는 홍종필 교수와의 계약을 해지하는 것일까. 오히려 홍종필 교수의 협력이 더 필요할 텐데 말이다.

그러나 오키나와현은 이러한 의문에 대해 납득할 만한 설명을 하지 않았다. 오키나와현 측은 그러고는 다음과 같은 예상치 못한 행동을 했다. 나를 포함, 많은 보도 관계자가 지켜보는 가운데 히가 부지사는 갑자기 이런 말을 꺼냈다.

"정말 수고가 많으셨습니다. 지사의 감사장과 기념품을 준비해 왔으니 그것을 꼭 받아 주시면 합니다."

홍종필 교수와 오키나와현 양측의 의견이 큰 차이를 보이는 상황에서 부지사의 이 제안은 너무나 이상했다. 자세히 보니까 이미 히가 부지사의 뒤에는 직원인 여성 한 명이 감사장을 들고 서서 언제 전달하면 좋을지 기회를 살피고 있었다. 이상한 공기가 흘렀다. 홍종필 교수는 그 흐름을 자르듯이 말했다.

"저는 호적이 없어서 조사할 수 없다고는 한 번도 말한 적이 없습니다. 시간이 걸린다고 말했을 뿐입니다."

홍종필 교수는 조사를 계속하고자 하는 강한 의욕을 보였다. 그러나 홍종필 교수의 이야기를 듣고도 히가 부지사는 다시 감사장의 이야기를 꺼냈다. 그 같은 제안에 홍종필 교수는 당혹한 기색을 보였다.

"받으라고요?"

홍종필 교수의 입장으로서는 30명의 조사만을 남긴 채 감사장을 받는 것에 대하여 납득이 가지 않는 눈치였다.

그러나 이미 부지사는 감사장을 증정하려고 자리에서 일어서 있었다. 감사장을 거부하는 것을 허용하지 않는 분위기가 홍종필 교수를 몰아붙였다. 방안에는 차가운 공기가 흘렀다. 오키나와현이 배석시킨 한국인 통역자 여성까지 "받으세요. 받으세요. 당당하게 받고 얘기하세요."라고 재촉하는 상황이었다. 홍종필 교수는 일어나서 작은 소리로 "이것은 받아서는 안 되는 거예요."라고 중얼거렸다. 뭔가 흐름을 거스를 수 없는 불합리한 분위기 속에서 히가 부지사가 감사장의 문면을 담담하게 읽어 내려갔다.

"감사장. 홍종필 님. 귀하는 한반도 출신 전몰자의 '평화의 초석' 각명에 열심히 임하여 성과를 세우고 오키나와현이 실시하고 있는 각명 사업의 착실한 추진에 크게 기여했습니다. 귀하의 다대한 기여에 깊은 감사의 뜻을 표합니다."

감사장에 이어 오키나와현 측이 홍종필 교수에게 건넨 기념품은 오키나와 유리로 만든 큰 화병이었다. 갑자기 시작된 이 세리머니는 누가 봐도 위탁 조사의 강제적인 중단을 의미하고 있었다. 고개를 숙이며 감사장을 받은 홍종필 교수의 얼굴은 너무나 슬프게 보였다.

부지사와의 면담이 끝난 후 홍종필 교수는 현청 안에서 기자 회견을 열었다. 어깨를 늘어뜨린 홍종필 교수는 기자들을 앞에 두고 침울한 표정으로 이렇게 말했다.

"저는 역사가의 입장으로서 아주 가슴이 아픕니다. 아직 끝나지도 않았는데 왜 감사장을 받아야 되는 겁니까? 감사장을 줄 거면 우선 그 사람들(한반도 출신 전몰자)의 조사를 끝내야 될 것 아닙니까? 남은 30명의 조사만이라도 마치고 나서 해야 하는 것이 순리죠. 감사장을 받은 것으로 이제 이것으로 끝인 것 같아 저는 정말 마음이 아팠습니다. 제가 감사장 받으려고 한 게 아니고, 먼 이국 하늘에서 일본 사람한테 붙들려 죽은 사람에 대해서 그 영혼이라도 찾아서 위로하려고 사실 한 겁니다. 감사장이라는 것은 끝나는 것으로 알고…"

그리고 그 기자 회견에서 홍종필 교수가 한 다음 말이 내 가슴을 쓰라리게 하였다.

"평화를 원하는 발신지로서의 오키나와가 아니면 아무런 의미도 없다고 생각합니다."

오키나와현이 내세우는 '평화의 초석'의 기본 이념에 이런 구절이 있다.

"오키나와는 제2차 세계대전에서 주민을 말려들인 지상전의 전쟁터가 되어 수많은 소중한 인명과 둘도 없는 문화유산을 잃었다. 이 같은 비참한 전쟁 체험을 빛바래게 하는 일 없이 그 교훈을 후세에 올바르게 계승해 나간다."

나는 이 기본 이념에 동의한다. 전쟁이 사람에게 무엇을 가져오는지 그것을 가장 잘 알고 있는 오키나와야말로 전쟁 체험을 올바르게 계승하는 발신지가 되어야 한다. 홍종필 교수는 기자 회견 마지막에 이렇게 말했다.

"그 시대는 한국인에게 있어서도 일본인에게 있어서도 오키나와의 여러분에게 있어서도 비참한 시대입니다. 이것을 과거로서 잊는 것이 아니고, 과거의 연장에 현재가 있다는 것을 알고, 아주 조금이라도 좋으니까 관심을 가져 주셨으면 합니다. 그 시대의 희생자는 여러분 가까이 있으니까요."

홍종필 교수가 회견을 마친 뒤 오키나와현 측이 별도의 기자 회견을 열었다. 홍종필 교수와 오키나와현 측이 따로 기자 회견을 했다는 사실은 양측이 완전히 비정상적인 관계에 빠진 것을 말해 주고 있었다. 오키나와현은 왜 위탁 조사를 중지하는가, 홍종필 교수와 부지사와의 면담에서는 그럴듯한 설명을 전혀 들을 수 없었다. 그래서 현 측의 기자 회견에서는 그 점에 질문이 집중됐다. 기자 회견에 임한 사람은 후모토 레이지(府本禮二) 지사공실장, 기마 도모아키 지사공실 차장, 그리고 '평화의 초석'에 관한 사업의 직접 책임자인 이와이 겐이치(岩井健一) 평화추진 과장이었다.

현 측과 홍종필 교수의 이견은 누가 봐도 분명했다. 그러나 홍종필 교수가 동의하지 않은 채 현 측이 조사 위탁 중단을 알리는 순간을 보고 온 지 얼마 안 된 기자들 앞에서 이와이 과장은 '견해의 차이는 없다'고 단언했다. 이와이 과장은 미리 홍종필 교수와 협의하여 2004년 3월 말로 조사를 종료하기로 하고 홍종필 교수의 동의를 얻었다고 말했다. 또한 향후의 계획에 대해서 이와이 과장은 "개인에 대한 위탁이 아니라 더 광범위한 대처를 할 수 없을까, 여러 가지 선택지를 검토하고 싶다."라고 말했다.

'광범위한 대처'가 어떤 것을 의미하는지는 불분명하지만, 조선인 전몰자의 조사가 얼마나 어렵고 전문적 지식과 경험이 필요한 것인지를 생각하면 홍종필 교수에게 조사를 위탁하는 것 이외의 방법으로 지금까지 이상의 성과를 기대할 수는 없었다.

다음은 나를 포함한 기자들과 오키나와 측과의 질의 응답이다.

―― 홍종필 교수의 조사에 의해 앞으로도 (아직까지 조사가 안 된 이들의)호적을 찾아낼 수 있는 가능성에 대해서는 고려하지 않나요?

이와이 과장: 그런 가정의 질문에는 좀…대답을 할 수 없네요.

―― 계약을 마친다는 판단은 어디서 왔습니까? 이유를 모르겠습니다.

이와이 과장: 홍 선생님과의 협의입니다.

―― 1년마다 계약했고 오랫동안 계약을 연장해 왔으니까, 당연히 내년에도 계약하겠다는 전제가 아니었습니까?

이와이 과장: 아니, (계약서에는)그렇게 쓰지 않았죠.

―― 30명 남은 단계에서 조사를 중단하는 것은 조사를 해 온 사람의 심정을 생각하지 않은 것 아니에요? 홍종필 교수는 어렵지만 그럭저럭 조사하고 싶다는 의향을 나타냈던 거 아니에요?

오키나와현 측: ……
―― 3월 31일까지의 계약이라고 해서 중지해 버리는 건 한 사람이라도 더 많이 각명하려는 현의 방침과는 다르지 않습니까?
기마 지사공실 차장: 그러니까 중단하는 것이 아니라 다시 명부를 점검하면서 더 많은 분의 이름을 각명할 수 있게 해 나가자는 것입니다.
―― 구체적인 대처가 아직 나오지 않았잖아요?
기마 지사공실 차장: 그러니까 이것은 올해부터 그런 대처를 하는 거니까 그 가운데에서 여러 가지 방법을…….
―― 동시 병행으로 하면 더 효과가 오르지 않나요?
오키나와현 측: ……

오키나와현 측의 기자 회견은 한 시간 넘게 이어졌다. 오키나와의 기자들도 나도 현의 자세에 의문을 품고 현 직원을 매섭게 추궁했는데 조사 위탁을 중단하는 이유에 대해서 납득할 만한 설명은 끝까지 듣지 못했다. 기자 회견의 중반부터 현 측은 침묵하는 일이 많아졌다.
명부에 일본명으로 적힌 나머지 30명의 전몰자는 '평화의 초석'에 원래 이름인 본명을 새기지 못한 채 이대로 어둠에 묻혀 버리는 것일까. 오키나와현청의 복도에서 홍종필 교수에게 물었다.

―― 나머지 30명에 대해서 조사를 계속하실 겁니까?
"조사해도 각명할 곳이 없잖아요. 그것은 돌아가신 분한테 실례잖아요. 조사해 놓고 (각명)안 해 주면 무엇 때문에 조사하는 것입니까. 조사할 필요가 없죠."

홍종필 교수와 오키나와현은 왜 이렇게까지 골이 깊어져 버렸을까. 오키나와현 측은 '견해의 차이는 없다'고 했지만 홍종필 교수는 현에 대한 불만을 숨기지 않았다.

홍종필 교수와 히가 부지사가 만난 다음날인 6월 25일, 이나미네 게이치 오키나와현지사는 기자단에게 이렇게 말했다.

"위탁 계약에 대해서는 이미 3년 전에 올해(2004년) 3월 까지라는 것으로 합의가 되어 있었지만, 약간 의사 소통이 결여된 측면이 있어 유감스럽게 생각하고 있습니다. 지난 해(2003년), 각명의 기본 방침을 개정해서 각명 대상자의 폭을 넓혔기 때문에, 다시 한번 한반도 출신 전몰자에 대해 재검토를 하기로 하고 현재 구체적인 검토를 하고 있습니다. 예를 들어 현재 유족회와 교섭을 진행하고 있으며, 인터넷을 통한 홍보 등도 생각하고 있습니다. 종래의 명부는 후생노동성으로부터 제출된 것을 현이 다시 정리하여 홍 교수님에게 건넸었지만, 후생노동성과 상의를 하여, 더욱 명부를 재점검하고 가급적 폭넓은 조사를 하여 새로운 명부를 작성해서 조사를 전개할 수 있는 구조를 만들고 싶다고 생각하고 있습니다."

태평양전쟁희생자유족회

이나미네 지사는 "유족회와 교섭을 진행하고 있다."라고 말했지만 실제로는 그 시점에서 유족회와의 교섭은 하고 있지 않았다. 이 사실은 오키나와현 평화추진과 직원들이 인정했다.

오키나와현은 1994년에 한국 '태평양전쟁희생자유족회'에 조사 협력을 의뢰한 적이 있었다. 오키나와현 평화추진과에 의하면 그때는 유족회가 보상 문제를 꺼냈기 때문에 조사는 이루어지지 않았고, 결국 성과 없이 오키나와현이 1년 후에 협조 요청을 취소했다. '평화의 초석'에 전몰자의 이름을 새기는 것이 보상 청구의 근거가 될 수 있다는 것이었다. 당시 오키나와현은 "보상 문제는 일본 정부가 해야 하는 것이다."라며 보상 협상에 응하지 않았다.

우리가 유족회를 취재하기 위해 방문했을 당시 유족회 사무소는 서울 용산역 인근에 있었다. 유족회 사무소가 있는 '영월빌딩'은 현대적인 용산역과 대조적인 아주 오래된 건물이었다. 그 뒤 재개발로 이 건물은 헐렸고 현재는 초고층 아파트가 들어서 있다.

2004년 9월 1일 우리는 엘리베이터 없는 빌딩의 계단을 5층까지 올라가 '태평양전쟁희생자유족회'의 간판이 걸린 입구에서 안으로 들어갔다. 사무실 천장에는 비가 샌 흔적이 있었다. 사무실에는 회장 외에 높은 연배의 여성 두 명이 컴퓨터로 조용히 명부 정리를 하고 있었다.

우리의 취재는 만약 오키나와현이 유족회에 다시 조사를 의뢰해도 또 보상 문제로 발전해 결국 제대로 된 조사가 진척되지 않는 것이 아닐까, 그것을 확인하기 위한 취재였다. 인터뷰에 응해 준 양순임 회장은 "1994년 당시는 다른 사람이 회장을 맡았기 때문에 그때의 오키나와현에 의한 협조 요청에 대해서는 잘 모르겠다."라고 말했다. 나는 오키나와현에서 향후 다시 조사 협력 요청이 온다면 어떻게 할 생각인지 물어봤다. 양순임 회장이 아래와 같이 답했다.

"만약 오키나와현에서 의뢰가 오면 우리가 그 조사는 충분히 전문가팀을 만들어서 조사를 해 줄 수 있습니다. 우리에게는 전국의 도에 지부가 있고 그 산하에 20개 이상의 지회가 있으니까요."

앞으로 오키나와현에 대해 보상을 요구할 생각이 있느냐고 묻자, 양순임 회장은 확실히 부정했다.

"보상 문제 이야기는 일본 정부하고 해야지, 현하고는 할 수 없으니까요."

양순임 회장은 오키나와현에서 조사 협력 요청이 오면 보상 문제와 상관없이 협력하겠다고 밝혔다. 다만, 전몰자의 신원 조사는 창씨개명과 호적 등에 관한 전문적인 지식과 경험이 없이는 절대적으로 불가능하다. 유족회가 조사를 맡을 경우 어디까지 성과를 거둘 수 있을지는 전혀 알 수 없었다. 그러나 그런 걱정을 할 필요조차 없었다. 오키나와현은 결국 유족회에 전몰자 조사를 의뢰하지 않았기 때문이다. 나는 이 책을 집필하기 위해 2018년 9월, 오키나와현 평화엄호·남녀참획과에 연락을 해 다시 확인했지만, 역시 오키나와현이 태평양전쟁희생자유족회에 조사를 의뢰한 사실이 없었다. 또 2018년 10월 태평양전쟁희생자

유족회 양순임 회장에게도 확인했지만, 오키나와현에서는 조사 의뢰는커녕 연락이 온 적조차 없다고 한다.

재개된 조사

오키나와현에 의한 위탁 조사 중단 세리머니에서 9일이 지난 2004년 7월 3일, 나는 한국의 홍종필 교수에게서 연락을 받았다.

홍종필 교수는 전몰자 조사를 다시 시작한다고 했다. 오키나와현이 위탁을 중단했기 때문에 조사는 전부 사비로 해야 했다. 그러나 홍종필 교수는 "전몰자 한 사람 한 사람의 이름을 확인하고 평화의 초석에 각명하는 일은 먼 이국의 땅에서 죽어 간 사람들의 넋을 기리는 일이다. 그것이 역사가로서의 사명이다."라고 말했다. 이제 한국에서 전몰자 조사를 취재할 수는 없을 것이라고 거의 포기하고 있었던 나는 그 연락을 받고 나도 모르게 자리에서 일어났다.

그리고 2004년 9월 우리는 한국에서 홍종필 교수의 조사를 취재하였다. 우리는 홍종필 교수와 함께 경기도 부천시에 있는 족보도서관을 찾았다. 홍종필 교수는 한 전몰자 신원의 단서를 찾으러 족보도서관에 갔다. 족보도서관은 서울의 서쪽, 지하철 1호선 부천역에서 가까운 번화가에 위치한 빌딩의 4층에 있었다. 1층은 식당이었다. 족보도서관 입구에는 '뿌리 찾기 범국민계몽회'라는 간판이 걸려 있었다. 뿌리는 즉 조상의 계보이다. 당시 50대였던 김원준 관장은 홍종필 교수를 응접용 소파에서 맞았다. 홍종필 교수가 전몰자 명부를 보여 주면서 조사의 취지를 설명하자 관장은 열심히 귀를 기울였다.

홍종필 교수: 저는 오키나와에서 돌아가신 분들을 1995년부터 계속 조사하고 있습니다. 그런데 아무리 해도 찾을 수 없는 분이 있거든요. 구철회(具喆會) 씨라는 사람인데, 이 사람의 신원을 밝혀낼 방법이 없습니다.
김원준 관장: 음, 동래 지역의 분이시네요.
홍종필 교수: 네. 사상 쪽입니다. 제가 몇 번이나 거기에 가 봤는데, 친족을 찾아낼 수 없는 겁니다.
김원준 관장: 동래군 사상동 모라리라고 본적지까지 알고 있는데 못 찾아요?
홍종필 교수: 구씨가 몇 채 있는데, 젊은 사람들뿐이어서 모르겠다는 겁니다.
김원준 관장: 호적을 보면 되는 거 아니에요?
홍종필 교수: 호적은 없었습니다. 40만 명분 호적을 꺼내서 다 찾았는데 없었습니다.

홍종필 교수가 찾는 것은 일본명이 '綾村(아야무라)喆會'인 전몰자의 정보였다. '喆會'를 일본식으로 어떻게 읽었는지 확인할 수는 없지만 음으로 읽었다면 '데쓰카이'라고 하지 않았을까 추측해 본다. 구 일본 해군의 명부에 따르면 綾村喆會는 다이쇼(大正) 13년(1924년) 10월 15일 태어나, 쇼와 20년(1945년) 6월 14일에 사망하였다. 만 20세의 나이로 숨진 것이다. 사망 장소의 칸에는 '남서제도(南西諸島)'라고만 적혀 있었다. 남서제도는 일본 규슈 남단에서 대만

부근까지 이어지는 섬들로 오키나와 본도도 포함된다. 본적지는 '동래군 사상면 모라리'로 이곳은 현재의 부산광역시 사상구 모라동에 해당한다. 아버지 이름은 헌서(憲書)였다.

홍종필 교수는 綾村喆會 씨의 본명은 '구철회(具喆會)'라고 추측했다. '喆會'라는 이름은 일본적인 이름이 아니므로 원래의 본명을 그대로 쓴 것이라고 추정한 것이다.

그런데 綾村라는 일본명 씨에서 어떻게 구씨를 유추했을까? 그 의문을 푸는 열쇠는 본관이다. 구씨의 대표적인 본관은 능성(綾城)이다. 능성 구씨는 현재의 전라남도 화순군 능주면을 발상지로 하는 성씨이다. 아야무라(綾村)라는 일본명은 그 능성(綾城)에서 딴 것으로 원래 성씨는 구씨가 아닐까, 홍종필 교수는 그렇게 생각한 것이었다.

홍종필 교수는 전에 대학교 조수를 데리고 부산을 찾아 40만 명분의 호적이나 제적부를 살폈지만, 아무리 찾아도 具喆會에 대한 정보를 찾을 수가 없었다. 다만 호적이 없어도 족보에 실려 있는 경우가 있다. 그것이 이날 족보도서관을 찾아온 이유였다. 호적을 발견하지 못한 이상 족보를 찾는 것이 최후의 수단이다, 홍종필 교수가 그렇게 설명하자 김원준 관장은 서가로 홍종필 교수를 안내했다.

"이게 능성 구씨네요."

홍종필 교수와 김원준 관장은 몇 권의 무거운 족보를 서가에서 꺼내 책상 위에 내려놓았다. 족보의 검은 표지에는 금색 글자로 '綾城具氏世譜(능성 구씨 세보)'라고 쓰여 있다. 홍종필 교수는 김원준 관장과 분담해서 능성 구씨의 족보를 한 장 한 장 넘겼다. 만약 이 족보에 '구철회(具喆會)'라는 이름이 있고 그 연대나 아버지 이름이 명부에 있는 綾村喆會의 정보와 일치하면, 그 주변에 적힌 친척들을 찾아가서 신원 확인을 할 수 있을 가능성이 생긴다. 우리 취재팀은 촬영하면서 물끄러미 그 작업을 지켜봤다.

오키나와현이 구 일본 해군의 명부를 옮겨 적어 작성한 사망자 명부를 보면, 綾村喆會의 아버지 이름은 '憲書'이다. 아버지 세대에 돌림자가 있다면 그것은 '書'가 아닐까. 능성 구씨의 족보를 한 장씩 넘기니 '書'라는 돌림자가 많이 나왔다. 그리고 그 자식 세대에 '會'라는 돌림자를 쓴 이름이 무더기로 있었다. 능성 구씨에는 아버지와 아들이 'O書 — O會'인 부자(父子)가 많이 있었다는 이야기가 된다. 해군의 명부에 있던 아버지가 憲書, 그 아들이 喆會라는 부자와 같은 돌림자였다. 나는 이 시점에서 홍종필 교수의 추측이 틀리지 않았음을 확신하고 침을 꿀꺽 삼켰다.

김원준 관장: (구철회 씨의)나이가 몇 살이에요?
홍종필 교수: 다이쇼 13년생입니다.
김원준 관장: 다이쇼 13년이면 1924년이네요.

해방 후에 태어난 세대임에도 불구하고 일본의 연호를 순식간에 서기로 환산할 수 있는 김원준 관장에게 감탄했다. 이제 김원준 관장도 완전히 '구철회' 찾기에 몰두하고 있었다.

김원준 관장: 오늘 찾아낼 수 있으면 좋겠네요.

홍종필 교수: 그러게요. 그러면 십 년 동안의 고생이 보답을 받을 텐데.

그 뒤 능성 구씨의 족보 속에 몇 번이나 喆會라는 이름이 나왔는데, 그 아버지 이름이 '宅書(택서)' 등 한 글자만 틀리거나 태어난 연대가 다르는 등 전몰자 명부에 있던 綾村喆會와 정보가 일치하는 인물은 없었다.
그 족보 속에는 홍종필 교수가 조사 과정에서 만난 사람의 이름이 있었다

"구술회(具述會) 씨. 저는 이 사람을 만났어요. 이 사람은 종손이라 제사를 지내서 친척에 대해 잘 알고 있는데 구철회 씨에 대해서는 들어 본 적이 없다고 하는 거예요."

능성 구씨의 족보에서 해당자는 발견하지 못했다. 혹시나 해서 창원 구씨(昌原具氏)의 족보도 다 봤는데, 결국 이날 오키나와에서 죽은 綾村喆會 씨의 이름을 찾아낼 수는 없었다.

"없네요……"

홍종필 교수는 아쉬운 표정으로 일어서서 상의를 입었다. 김원준 관장도 "아… 딱 나타나면 얼마나 좋았을까."라며 정말 아쉬워했다. 김원준 관장도 역시 홍종필 교수의 조사가 갖는 의의를 이해하고 具喆會 찾기에 협력해 준 것이었다.
나는 훗날 일제시대에 발간된 〈創氏名鑑(창씨명감)〉의

존재를 알고 도쿄의 국립국회도서관에서 열람했다. 〈創氏名鑑〉은 1941년 1월 16일, 조선신보사가 발행한 것으로, 조선 각지의 '著名人物(저명인물)' 약 1만 명의 '성명(姓名 본명)'과 창씨개명 후의 '씨명(氏名)'을 게재하고 있었다. 어떤 사람을 저명인물이라 했는지 그 기준은 알 수 없지만, 직업란을 보니 회사원, 농업, 상업, 경찰관, 관리, 지주 등 다양한 인물들이 실려 있었다.

〈創氏名鑑〉에서 구(具)씨 성을 가진 사람들의 창씨 후의 이름을 다 살펴보니, 한 사람뿐이었지만 綾村(아야무라)라는 인물이 있었다. 이 사람은 경기도 장단군에서 농사를 짓던 具鍾書(구종서)·綾村鍾書라는 남성인데, 綾村喆會와의 관련이 있는지는 알 수 없었다. 그 외에도 綾城(아야시로), 綾原(아야하라), 綾部(아야베), 綾川(아야카와) 등 '綾'을 넣은 씨로 창씨한 사람이 많았다. 이 사람들의 본관은 아마 능성(綾城)일 것이다. 한편, 具原(구하라), 具本(구모토), 松村(마쓰무라)라고 창씨한 사람들도 있었다.

족보도서관에서 조사를 마치고 떠나기 전에 홍종필 교수는 이렇게 말했다.

"부정확한 기록 때문에 족보까지 찾아야 하는 것은 비극이라고 생각합니다. 하지만 그 사람을 겨우 알아낼 수 있었을 때는 돌아가신 저희 부모님을 만난 것처럼 기쁩니다. 자기 의사와 상관없이 일본까지 끌려가서 그곳에서 일본의 총알받이가 된 사람들은 정말 불쌍한 인생이었다고 생각합니다. 이것은 역사가로서 반드시 밝혀야 할 문제라고 생각해서 조사하고 있습니다. 나쁜 역사도 역사이고 좋은 역사도 또한 역사입니다. 이 조사를 역사가가 하지 않으면 누가 하겠느냐는 사명감으로 해 왔습니다."

한국 전쟁으로 목숨을 잃은 군인들은 영웅으로서 국립현충원에 안장돼 있다. 그러나 현충원에는 일제시대에 일본군에 징용되어 목숨을 잃은 사람들의 위패나 무덤은 없다. 한편 일본은 일제시대 '내선일체'라는 구호 아래 조선인을 '황국신민'으로 만드는 동화 정책을 추진해 왔다. 그러나 1945년의 태평양 전쟁 패전 후에는 전쟁에 끌려가서 희생된 조선인들에게 눈을 돌리려고도 하지 않고 있다.

"버려진 인생이자 버려진 시대입니다. 오키나와에서 죽은 사람들은 시대를 잘못 타고난 거죠. 암울한 시대에 태어났기 때문에 자기 의사와는 관계없이 그 먼 오키나와까지 끌려가서 자기 의사에 관계없이 목숨을 잃어버린 거죠."

홍종필 교수는 '평화의 초석' 설립의 의의를 높이 평가한다.

"평화의 초석을 만든 것은 정말 의미 있는 일이라고 생각합니다. 아무도 눈을 돌리지 않았던 희생자들에 대해 한국의 누구누구는 여기서 죽었다고 역사적으로 알려 주는 것이 오키나와라고 생각합니다. 오키나와는 평화의 초석을 만들어서 거기서 죽은 사람들에 대해 역사적으로 증명하고 다시는 이런 일이 반복되지 않도록 하기 위한 반면교사의 현장으로 존재할 가치가 있다고 생각합니다."

자신의 아버지나 할아버지, 남편이 죽은 것을 홍종필 교수가 찾아와서 처음으로 알게 되는 유족도 많다고 한다. 홍종필 교수가 우리에게 안타까운 이야기를 들려줬다.

"끌려간 자신의 남편이 살아 돌아올지도 모른다고 지금도 호적을 정리하지 않고 집 문을 열어 놓고는 식사 챙길 때도 항상 남편을 위해 밥을 한 그릇 더 퍼 놓는 여성이 있었습니다. 그분은 제가 찾아가서 처음으로 남편이 죽었다는 것을 알게 되었지요. '지금까지 살아 있다고 생각했는데 죽었다니 그게 정말이요?'라며 통곡했습니다. 남편이 죽었다는 말에 실감이 안 난다고 했어요. 그걸 보면 저는 정말 슬픈 시대의 역사였다고 생각합니다. 나중의 시대에 태어난 우리에게는 뭐라 드릴 위로의 말씀도 없습니다. 그러나 적어도 그 이름이라도 새겨서 영혼만이라도 편안하게 돌아오는 길을 내고 거기에 기록만이라도 남겨 후세에 이런 나쁜 짓을 다시 하지 않도록 하는 것이 좋지 않을까라고 미망인에게 말씀드렸습니다."

돌아가신 날짜를 알게 되어서 앞으로는 제사라도 지낼 수 있다고 유족으로부터 감사의 말을 들은 적도 있다고 한다.
그러나 반대로 강한 거부 반응을 보이는 유족도 있었다. 홍종필 교수가 찾아가 사망 사실을 전했음에도 가족이 오키나와에서 죽었다는 사실을 받아들이지 못하는 것이었다. 또 '평화의 초석'에 이름을 새기는 것을 거부하는 유족도 있었다.

"기분이 아주 상한다고 하는 유족이 있었습니다. 자기 형이 죽은 것만으로도 억울한데 거기에 비석을 세우고 이름을 새기면 일본에 협력했다는 사실이 계속 남아 버리니까 각명은 도저히 받아들일 수 없다고 말했어요. 일제시대는 우리에게 기억하고 싶지 않은 시대여서 그 시대에 일본에서 돌아가신 것은 그 자체가 부끄러운 일이라며 각명에 동의하지 않는 것입니다."

유족들 중에는 오키나와가 어디에 있는지도 모르는 사람도 많았다. 그래서 홍종필 교수는 오키나와의 역사까지 설명하며 유족을 설득했다.

"(유족에게)오키나와라는 곳은 일본에 강제적으로 병합된 곳이다, 일본 안에서도 독특한 문화를 가지고 있다, 또한 옛날 류큐 왕조는 조선 왕조와 친밀한 관계에 있어서 우리나라와도 관계가 깊다, 그래서 오키나와는 일본이지만 일본이 아니다고 설명하면 납득하는 사람도 있었어요."

10년 만에 찾아낸 '가네모토 다로'

2004년 9월 3일 우리는 홍종필 교수의 조사에 동행하여 경상북도 경주시를 찾았다. 1945년 6월 14일 오키나와현 도미구스쿠(豊見城)촌에서 사망한 '가네모토 다로(金本太郎)'라는 인물의 호적을 확인하는 조사였다.

홍종필 교수는 경주시 안강읍 사무소에서 이시우 읍장과

면담했다. 홍종필 교수는 '평화의 초석'의 팜플렛을 읍장에게 보여 주면서 설명하였다.

"이것은 일본 오키나와라는 곳입니다. 크기는 제주도 정도입니다. 여기서 약 24만 명이 숨졌습니다. 이렇게 비석에 전몰자 이름을 새깁니다. 오키나와현은 이것에 '평화의 초석'이라는 이름을 붙였습니다."

오키나와현이 조사 위탁을 중단했음에도 불구하고 홍종필 교수는 오키나와현 대신 평화의 초석의 설립 취지나 그 의의에 대해 자세히 설명했다. 그리고 홍종필 교수는 이날의 방문 목적이 이곳 안강 출신의 한 남성의 조사임을 읍장에게 밝혔다.

"일제시대에 경주군에서만도 약 700명이 끌려갔습니다. 대구중학교에서 15일간 훈련을 하고 나서 오키나와로 보냈습니다. 그 사람들 중 안강의 김정원(金正元)이라는 사람이 있었을 것입니다."

이시우 읍장은 조사의 취지를 듣고 "정말 뜻깊은 일이라고 생각합니다. 너무 늦은 감이 있지만 한국과 일본의 어두운 과거사를 다시 조명하고 상처를 나누려고 하시는 것에 저는 큰 감명을 받았습니다."라며 높게 평가했다.
전몰자 명부에는 金本太郎 씨의 사망 날짜와 사망 장소가 기록되어 있다. 그것에 의하면 金本太郎 씨는 1945년 6월 14일에 오키나와현 도미구스쿠촌에서 사망한 것으로 알려졌다. 소속의 칸에는 '沖根司'라는 글자가 적혀 있다. 이것은 구 일본 해군의 '오키나와 근거지대사령부(沖繩根據地隊司令部)'의 군부(軍夫)였다는 의미이다. 도미구스쿠촌은 현재의 도미구스쿠시이다. 해군이 언덕에 지하호를 파고 그곳에 사령부를 둔 것이었다. 이 구 해군 사령부호는 잘 보존되어 있어 매일 많은 관광객들이 방문한다.

홍종필 교수는 그동안 해 온 조사로 金本太郎 씨가 경주군 강서면 안강리(현 경주시 안강읍) 출신의 김정원(金正元) 씨라는 사실을 알아냈다. 그 사실에 도달할 때까지 예비 조사를 포함해 약 10년이나 걸렸다고 한다. 나머지는 실제로 호적부나 제적부(除籍簿)에서 최종 확인을 해야 했다. 제적부는 사망 등의 이유로 호적에서 뺀 사람의 이름을 따로 적어서 보관해 두는 장부이다.

본적지의 리(里)까지 알면서 왜 조사에 10년이나 걸렸을까? 명부에 있던 강서면(江西面)이 1949년의 합병 때문에 소멸하는 등 행정구역이 몇 번 변경된 것도 있지만, 더 큰 이유가 있었다. 해군 명부에는 일본명이 '金本(가네모토)'라고 되어 있었는데, 실제로는 '金谷(가나타니)'였던 것으로 조사 과정에서 판명되었던 것이다. 명부의 단 한 글자의 오기(誤記)가 조사를 이토록 어렵게 만들어 버렸다.

안강읍사무소에 보관된 제적부는 닳아서 글씨가 조금 희미해져 있었지만, 김정원 씨의 존재를 확인할 수 있었다. 홍종필 교수는 만면에 미소를 띠며 말했다.

"오늘 여기 오는 걸 생각하며 어젯밤에는 잠을 제대로 못 자서 오전 세 시 반에 깼어요. 다시 자고 네 시 반에 일어났습니다. 사실은 저는 안될 거라고 포기하고 있었습니다. 나이도 불분명하고……돌아가신 우리 부모님을 만난 것보다 더 반가워요. 10년 동안 발견하지 못했던 걸 찾았으니까요."

호적 찾기에 협력해 준 안강읍의 계장도 함께 기뻐해 줬다. 홍종필 교수는 다음날 전북 전주시의 한 아파트를 찾아갔다. 그곳에는 김정원 씨 조카의 전처가 살고 있었다. 조카의 전처라고 하면 전몰자와의 관계는 상당히 멀며, 더욱이 그 여성은 해방 후에 태어나서 전몰자의 얼굴도 모른다. 그러나 김정원 씨의 조카는 교통 사고로 이미 사망하여 김정원 씨의 친인척들 중 연락이 되는 사람은 이제 그 여성밖에 없었다. 전후 60년 가까이 지나며 전몰자의 유족 찾기가 얼마나 어려워지는지를 알 수 있다고 하겠다. 실제로 이 여성은 홍종필 교수에게 연락을 받았을 때는 '뭘 새삼스럽게 헤어진 남편의 친척 때문에……'라고 이런 일에 끼어들고 싶지 않은 심경이었다고 한다. 그러나 홍종필 교수가 통화로 '평화의 초석'의 이념에 대해 설명하고 시간을 두고 설득했더니 그 의의를 이해해 주게 되었다고 한다. 이처럼 김정원 씨의 사례는 약 10년이라는 시간을 거쳐서야 신원을 확인하고 유족의 동의를 얻을 수 있었다.

홍종필 교수는 취재 당시(2004년) 유족의 고령화와 호적 전자화가 진행되는 것을 생각하면 조사가 가능한 것은 앞으로 5년 정도라고 말했다.

"자기 의지에 반해서 오키나와까지 끌려가서 돌아가신 분들을 한 명이라도 더 찾아내서 '평화의 초석'에 그 이름을 각명하는 것이 제 가장 큰 소망입니다. 검은 비석 자체에는 아무런 의미도 없습니다. 그것은 단지 돌에 불과합니다."

살아 있었던 전몰자

명부상 '사망'으로 된 사람이 생존했던 사례도 있었다. 金田南錫(가네다 난샤쿠)라는 인물의 경우가 그랬다. 전몰자 명부에 따르면 金田南錫 씨가 사망한 곳은 오키나와현 도미구스쿠촌이고 소속은 김정원 씨와 같은 沖根司, 즉 해군 오키나와 근거지대사령부였다.

1945년 6월 13일, 도미구스쿠에 있던 해군 사령부호는 미군의 총공격으로 궤멸되고 오타 미노루(大田實) 사령관을 비롯한 해군 간부들은 권총과 수류탄으로 자결했다. 전몰자 명부를 보니 그 '옥쇄(玉碎)'의 다음날인 6월 14일에 많은 조선인 군부가 죽었다. 金田南錫 씨도 그 중 한 명이었다.

홍종필 교수는 金田南錫 씨의 이름을 '평화의 초석'에 새기기 위해 조사를 하여 金田 씨의 본명이 김남석(金南錫)임을 알아냈다. 그리고 홍종필 교수는 참으로 놀라운 사실을 알게 되었다. 김남석 씨는 살아 있었던 것이다.

우리는 어떻게 된 일인지 확인하려고 홍종필 교수의 안내로 전라북도 익산시에 사는 김남석 씨를 방문하여 이야기를 들었다. 김남석 씨는 전라도의 가난한 농가에서 태어났다. 일제시대에 후쿠오카현(福岡縣) 오무타시(大牟田市)

의 탄광에서 일하다가 일본 해군의 군부(軍夫)로 징용되어 1943년 오키나와로 갔다. 처음에는 배를 타는 일을 하고 일본 본토에서 실어 온 차량이나 포탄, 총탄 등을 오키나와 섬에 내리기도 했다고 한다.

"어떤 일을 했냐고요? 말할 나위도 없이 고통이 심했어. 이렇게 큰 폭탄을 어깨에 메고 나르고. 배를 타고 있을 때는 그렇지도 않았지만 배에서 내려서부터는 매일 방공호를 팠지. 밤낮없이 노역을 하고 짐을 나르고 방공호를 파느라고 잠도 제대로 못 잤었어."

김남석 씨는 해군 사령부호가 미군의 총공격으로 궤멸했을 때의 상황을 아래와 같이 말했다.

"다 죽어가는 사람, 다리 부러진 사람, 여러 사람들이 많이 동굴로 들어와서 꽉 찼어. 일본인은 '이따이 이따이(아프다 아프다)', 조선인은 '아이고, 어머니'라고 외쳤어."

김남석 씨도 포탄의 파편이 왼쪽 허벅지를 관통해서 크게 다쳤다. 지금도 큰 흉터가 남아 있다. 해군 간부와 병사들은 줄줄이 자결했다. 다리가 부러진 석주라는 조선인 군부(軍夫)가 김남석 씨에게 이렇게 말했다고 한다.

"가네다, 가네다, 여기서 같이 죽자. 내가 수류탄 마개를 뺄 테니 가네다는 옆에 있는 것만으로 죽을 거야."
"나는 안 죽어. 조선으로 돌아갈 거야."

김남석 씨가 그렇게 말하며 자살을 거부하자 석주는 김남석 씨에게 나가라고 말했다. 김남석 씨가 나가고 조금 있다가 폭발음이 들렸다. 석주가 있던 곳으로 돌아가 봤더니 그의 몸은 흔적도 없었다고 한다.

일본군은 조선인 군부가 미군에 투항하고 살아남으려는 것을 용서하지 않았다.

"이런 큰 주사를 여기 위장 언저리에 놓는 거야. 옷을 입은 위에다가 큰 주사를 찔렀다. 뭘 하고 있나 싶어서 옆을 보니까 그건 모두를 죽이는 주사였던 거야."

주사기를 가진 병사는 김남석 씨도 죽이려고 했다. 김남석 씨가 주사기를 뿌리쳤더니 그 병사는 "어차피 죽을 거야."라고 말했다. 김남석 씨가 "이런 식으로 죽을 수는 없어."라고 하자, 병사는 "흥, 너 힘이 넘치는군."이라며 주사기로 찌르는 것을 그만뒀다고 한다.

"그리고 잠시 후 아무 소리도 들리지 않고 조용해졌어. 동굴 안에는 사람들로 가득했는데 모두 다 죽어 있었어."

김남석 씨는 그 후 해군 사령부호에서 나와 산으로 도망쳐 귤이나 감자를 먹으며 살아남았다. 어느 날 사탕수수밭에 숨어 있었는데 미군이 그 밭을 몽땅 태워 버렸다. 뜨거워 견딜 수 없어서 양손을 들고 투항해 미군의 포로가 되었다. 포로수용소 캠프에 끌려갔더니 미군이 보리밥이나 과자, 물 등을 줬다. 김남석 씨가 미군 담당자에게 죽일 거냐고 물었더니 조선말을 하는 어떤 사람이 "절대로 안 죽이니까 걱정 마라."라고 대답했다고 한다.

조선인들을 '황국신민'으로 삼아 전쟁에 동원하고 가혹한 노역을 시켰다. 일본군은 미군에게 몰려 승산이 없어지자 조선인 군부들을 죽였다. 살아남은 조선인을 지켜 준 것은 미군이었다. 함께 해군에 징용된 조선인 40명 중 살아남은 사람은 김남석 씨뿐이었다. 자칫 잘못했으면 김남석 씨도 '평화의 초석'에 이름이 새겨졌을지도 모른다.

김남석 씨는 2000년 3월 홍종필 교수와 함께 오키나와를 방문했다. 오키나와전투가 종결된 지 55년이 지나고 있었다. 김남석 씨가 '평화의 초석'을 방문했을 때의 모습을 지역 신문 〈류큐신보(琉球新報)〉 2000년 3월 2일자 조간이 다음과 같이 보도했다.

"(김남석 씨는) '평화의 초석'에서 같은 마을 출신으로 친동생처럼 아꼈던 손장수 씨의 이름이 새겨진 각명판과 대면하고 땅에 쓰러지듯 무릎을 꿇으며 참았던 감정을 초석을 향해 터트렸다. '부디 평안히 잠드소서. 곧 나도 당신한테 가겠소'라고 말을 건네며 떨리는 손으로 몇 번이나 손장수 씨의 이름을 매만졌다."

2004년 6월 22일 홍종필 교수는 우리와의 인터뷰에서 이렇게 말했다.

"역사라는 것은 좋은 것도 역사이고 나쁜 것도 역사입니다. 역사는 올바르게 알려야 합니다. 올바르게 알리려면 그것을 있는 그대로 후세에 전해야 합니다. 그것이 역사가의 사명이라고 생각합니다. 그러니까 '평화의 초석'의 조사도 계속되어야 합니다. 그것이 현대사를 전공하는 사람으로서의 사명이라고 생각합니다. '평화의 초석'을 빼놓고는 평화의 발신지인 오키나와는 존재할 수 없다고 생각합니다. '평화의 초석' 안의 한국 전몰자의 구역, 그 검은 돌에 이름으로 가득차는 것이 제 소원입니다."

2004년에 오키나와현으로부터 조사 위탁 중단을 통보받은 뒤에도, 홍종필 교수는 2011년 6월 23일까지 한국 출신 전몰자의 유족들과 함께 오키나와전투의 '위령의 날' 행사에 참여하였다. 그동안 홍종필 교수는 유족들의 부탁을 받아 2006년에 2명, 2010년에 1명을 추가 각명하였다고 한다.

또 그와는 별도로 다른 유족들의 신고나 비영리단체(NPO)의 조사에 의한 추가 각명도 있었다. 2020년 6월 시점에서 북한을 포함해 '평화의 초석'에 이름이 새겨진 한반도 출신 전몰자의 총수는 464명이다.

그러나 홍종필 교수와 오키나와현과의 관계는 이제 완전히 끊어져 버렸다. 경주시 안강읍에서 제적부를 확인한 김정원 씨를 비롯해 홍종필 교수의 조사에 의해 신원이 확인된 몇몇 전몰자의 이름은 아직 '평화의 초석'에 새겨지지 않았다. 그리고 2004년에 한국의 유족회와 상의하겠다고 한 오키나와현은 유족회에 아무런 도움 요청도 하지 않았다. 역사의 어둠에 빛을 비추는 작업은 이제 사실상 끝난 것처럼 보인다.

오키나와 위안소의 조선인 위안부

그리고 오키나와에는 한반도에서 데리고 온 여성들이 위안부로 일하고 있었다. '기지·군대를 용서하지 않는 행동하는 여자들의 모임'의 다카사토 스즈요(高里鈴代) 씨에 의하면 오키나와현에는 위안소가 145개나 있었다. 오키나와 현내에 위안소 설치가 시작된 것은 1944년 5월이었다. 일본군은 오키나와 본도뿐만아니라 이에지마(伊江島), 도카시키지마(渡嘉敷島), 자마미지마(座間味島), 미야코지마(宮古島) 등 현내 각지에 위안소를 설치했다. 위안소는 군의 이동에 따라 잇달아 설치되었다. 군부대가 배치된 장소에는 거의 다 위안소가 있었다. 민가에서 주민을 몰아내고 그 집을 위안소로 만들거나 병원, 여관, 요정을 위안소로서 이용한 사례도 있었다. 오키나와의 위안소에는 한반도의 여성뿐만 아니라 오키나와, 그리고 규슈를 비롯한 일본 본토, 또 대만에서 온 여성들도 있었다고 한다. 오키나와에 당시 조선인 위안부가 몇 명 있었는지는 모른다.

도쿄의 '액티브 뮤지엄 여성들의 전쟁과 평화자료관(WAM)'이 발행한 〈군대는 여성을 지키지 않는다 — 오키나와의 일본군 위안소와 미군의 성폭력〉(2012년)에는 도카시키지마에 있었던 위안소의 상황에 대해 다음과 같이 씌어 있다.

"도카시키지마에서 일본군은 주둔한 지 불과 2개월 만에 위안소를 설치했습니다. 여기에 파견된 7명의 조선인 여성은 최연장자인 아키코(한국명 배봉기 30세), 기쿠마루(28

세), 가즈코(23세), 하루에(혹은 하루코 23세), 스즈란(20세), 아이코(16세), 밋찬(16세)이라고 모두 일본인의 이름으로 불렸고 가네코라는 조선인 남성이 관리하고 있었습니다."

이 위안소를 설치하려는 일본군에 의해 집을 빼앗긴 주민 여성 나카무라 하쓰코(仲村初子) 씨의 증언도 게재돼 있다.

"아직 소녀처럼 천진난만한 표정의 처녀들이 매일같이 울어서 눈이 빨갛게 부어 있는 모습에 가슴이 미어지는 심정이었습니다. 특히 가장 어린 밋찬하고 아이코는 애처로워서 쳐다볼 수 없었어요."

이 위안소에서 '아키코'라고 불렸던 배봉기(裵奉奇) 씨는 종전 후, 위안부였던 여성들을 태우고 조선으로 돌아가는 배가 떠나는 것도 몰라 오키나와에 버려졌다. 그 이후도 오키나와에서 살다가 1991년에 사망했다. 한반도에서 오키나와에 온 위안부 피해자들 중 이름이 밝혀진 사람은 배봉기 씨 한 사람뿐이다.

오키나와에 몇 명의 조선인 위안부가 있었고 몇 명이 사망했는지는 알 수가 없다. '평화의 초석'에는 위안부였던 여성의 이름은 하나도 새겨지지 않았다. 마치 그녀들의 희생이 없었다는 듯이. 현재 '평화의 초석'을 소관하는 오키나와현의 평화엄호·남녀참획과는 우리의 취재에 "특별히 남성, 여성이라든지 위안부였던 사람이라든지 구별하지는 않는다."라고 말했다.

당시 사망한 위안부 피해자는 오키나와전투의 희생자이자 '평화의 초석'의 각명 대상이 될 수 있는 전몰자이다. 단, 일본군 위안부였던 여성의 실명을 공개된 시설에 각명하는 것에 대해서는 논란이 있을 수 있으며 유족들에 의한 반대도 예상된다. 그러나 그 이전의 문제로서 오키나와현은 '평화의 초석'의 각명 대상으로서 위안부였던 사람에 대한 조사를 하지 않았으며, 앞으로 조사할 생각도 없다고 한다.

9
유엔도 비판한 한일 합의

스위스 제네바에 본부를 두고 있는 유엔 인종차별철폐위원회는 2018년 8월 30일 위안부 문제에 관한 일본의 대응에 대해서 유감을 표명하며 '영속적인 해결'을 확실히 실시하도록 일본에 권고했다. 유엔 인종차별철폐위원회에서는 인종차별철폐조약 체결국의 인권 상황을 18명의 위원이 정기적으로 심사하고 있으며, 일본은 이 조약에 1955년에 가입했다. 이 조약은 인종차별(racial discrimination)의 철폐에 관한 것으로 인종뿐 아니라 민족, 종족에 의한(ethnic origin) 차별, 인권 침해도 대상으로 하고 있다. 유엔 인종차별철폐위원회는 그 권고에서 2015년의 한일 합의에 관해서 일본 정부에 아래와 같이 지적했다.

1. 완전한 피해자 중심의 접근(approach)이 되고 있지 않다.
2. 생존하는 위안부의 의견을 적절히 듣지 않았다.
3. 이 해결은 일본군이 저지른 위안부들에 대한 인권 침해의 명확한 책임을 인정하고 있지 않다.

또한 일본 정부의 책임을 왜소화하는 일부 공인의 발언에도 우려를 나타냈다. 위원회는 일본이 피해자 중심의 접근에 의해서 모든 국적의 전 위안부에 대한 인권 침해의 책임을 받아들인 영속적인 해결을 확실히 하라고 권고하고, 일본의 향후 대응에 대해서 위원회에 보고하도록 요구했다.

심사 과정에서 일본 정부는 위안부에 대해 아시아여성기금에 의한 '사과금' 지급이나 복지의료 지원을 해 온 것을 설명했다. 아울러 일본 정부는 2015년의 한일 합의로 위안부 문제는 '최종적 및 불가역적으로 해결'되었다며 "생존하는 위안부 47명 중 36명이 합의에 의거한 사업에 찬성하고 있다."라고 반박했지만, 위원들로부터는 '부족하다'는 의견이 나왔다.

위원회의 권고에 대해 스가 요시히데 관방 장관은 2018년 8월 31일 기자 회견에서 "이 문제에 대해서는 인종차별철폐조약의 적용 대상이 아니다. 일본 정부의 설명 내용에 충분히 입각되고 있지 않아 극히 유감스럽다."라고 반발하며 유엔에 대해 유감의 뜻을 전했다고 밝혔다. 또 같은 날 고노 다로(河野太郎) 외무상도 '이 위원회(유엔 인종차별철폐위원회)에서 취급해야 하는 일이 아닌 것은 분명하다'며 "이런 일을 되풀이한다면 이 위원회의 존재 의의에 관계되는 문제가 될 것이라고 생각한다."라고 말했다.

한편 유엔 강제실종위원회도 2018년 11월 19일에 위안부들에 대한 보상은 충분하다고는 말할 수 없다고 하는 최종견해를 공표했다.

이에 대해 일본 정부는 "최종견해는 오해와 편견에 근거한 일방적인 것이다."라며 유엔 인권 고등판무관 사무소에 항의했다.

위안부 문제에 관한 국제사회의 평가와 일본 정부의 주장과의 차이는 너무나 크다. 유엔 인종차별철폐위원회의 권고나 강제실종위원회의 최종견해에 법적 구속력은 없지만, 국제사회와 일본과의 이러한 괴리가 계속된다면 일본은 앞으로도 역사상의 오점을 스스로 쌓아가게 되는 것은 아닐까.

10
징용공 판결은 부당 판결인가

　일제시대 일본에서의 가혹한 노동에 동원된 한국인 4명이 신일철주금(新日鐵住金)을 상대로 손해 배상을 청구한 재판에서 2018년 10월 30일 한국 대법원은 신일철주금의 상고를 기각했다. 이로써 신일철주금에 대해 원고 한 사람당 1억 원의 위자료를 지불하도록 하는 판결이 확정되었다.
　대법원은 이어 11월 29일, 미쓰비시중공업에 대해 한국인 징용공들과 여자근로정신대원이었던 여성에 대한 배상을 명하는 판결을 선고했다. 한국 국내에서 이러한 재판이 다수 제기되어 있어, 일본 기업에 배상을 명하는 판결은 앞으로도 계속될 것으로 보인다.
　일본 정부는 이들 판결을 격렬하게 비난했다. 신일철주금에 대한 배상 명령이 확정된 10월 30일, 아베 총리는 '국제법상 있을 수 없는 판단'이라며 판결을 강력히 비판했다. 또 이날 고노 다로 외무상은 이수훈 주일 대사를 소환하여 "국제사회의 상식으로는 있을 수 없는 일이 일어나고 있다."라고 비난했다.
　그러나 대법원 판결에 대해서 주일 대사에게 항의하는 것은 도리에 어긋나는 일이다. 사법부는 행정부의 하부 조직이 아니다. 사법의 독립은 권력자의 재판에 대한 간섭을 배제하고 독재적 지배를 막기 위한 민주주의의 중대한 원칙이다. 정부가 자국의 사법을 자유롭게 제어할 수 있게 되면 사법은 행정의 잘못을 지적할 수 없어 외교상의 사정으로 손해를 입은 개인을 구제할 수 없다. 이러한 것을 전제로 판결 내용을 보고자 한다.

1965년의 한일 청구권 협정은 청구권 문제가 '완전히 그리고 최종적으로 해결'되었다고 명기되어 있다. 일본은 이 협정에 의거하여 한국에 대해 3억 달러의 무상 지원과 2억 달러의 대출을 제공했는데, 일본 정부는 징용공이었던 개인의 청구권에 대해서도 이 청구권 협정으로 해결되었다는 입장이다.

그러나 대법원은 신일철주금에 대한 10월 30일의 판결에서 1965년의 청구권 협정은 일본의 불법적 식민 지배에 대한 배상을 청구하기 위한 협상이 아니라 한일 양국 간의 채권·채무관계를 해결하기 위한 것이었다고 했다. 또한 원고들은 미수금이나 보상금을 청구하는 것이 아니라 일본 정부의 불법적인 식민 지배나 침략 전쟁과 직결된 일본 기업의 반인도적인 강제동원 피해에 대한 위자료를 청구하고 있으므로 이러한 청구는 청구권 협정 적용 대상에 포함되지 않는다고 했다.

확실히 청구권 협정 협상 과정에서 일본 정부는 식민지 지배의 불법성을 인정하지 않으며 강제동원의 법적 배상 책임을 부인했다. 청구권 협정 자체에도 경제협력 자금이 식민 지배의 배상임을 가리키는 말은 일절 나오지 않는다. 이렇게 체결된 협정에 강제동원 피해자의 위자료 청구권이 포함되어 있었다고 보는 것은 어렵다는 것이 대법원의 견해이다.

일본 정부는 한일 청구권 협정에 따라 지급한 5억 달러의 명목에 대해 그동안 어떻게 설명해 왔을까? 한일 청구권 협정 체결 후인 1965년 10월 28일 일본의 국회에서 다음과 같은 질의가 있었다. 질문자는 일본사회당의 요코미치 세쓰오(橫路節雄) 의원이고 답변자는 시나 에쓰사부로(椎名悦三郎) 외무상이다.

요코미치 의원: 왜 3억 달러를 줬더니 여기서 청구권이 해결되었습니까? 이 설명을 해 주세요. 아무것도 이 조약에는 설명이 없습니다.
시나 외무상: 그것은 법률적인 관련성이 없습니다.
요코미치 의원: 3억 달러, 2억 달러의 성질은 무엇입니까?
시나 외무상: 경제협력이라는 것으로 되어 있습니다.
요코미치 의원: 시나 씨, 이것은 청구권 처리를 위해서예요? 아니면 저개발국 원조입니까? 아니면 36년간 한국을 식민지 지배를 했다는 그런 의미로 내는 돈입니까?
시나 외무상: 그것은 글자 그대로 경제협력입니다.

일본 정부는 합계 5억 달러의 자금에 대해 결코 식민지 지배의 배상금이 아니라 어디까지나 경제원조라고 설명해 왔다. 실제로는 배상 대신 지급한 성격을 가진 자금이지만, 일본 정부는 식민지 지배에 불법성은 없다고 주장하고 있는 이상, 이 돈이 배상적인 성격을 가진 것이라고 인정할 수 없었던 것이다.
한일 국교정상화 협상을 맡은 김종필 전 총리는 중앙정

보부장이었던 1962년 11월, 도쿄에서 오히라 마사요시 (大平正芳) 당시 일본 외무상과 이 자금에 대해 회담을 했다. 이른바 '김종필-오히라 회담'이다. 회담에서는 이 자금을 어떤 명목으로 할지도 쟁점이었다고 한다. 김종필 전 총리는 2016년에 간행된 증언록에서 다음과 같이 말했다.

"나는 잘못한 일에 대한 배상이나 보상의 성격을 뜻하는 '대일 청구권 자금'으로 불러야 한다고 주장했다. 오히라는 '경제협력 자금'이란 말을 써야 한다고 했다. 이 문제는 상대가 있는 외교 게임이어서 어느 일방의 뜻대로만 되기 어려웠다. 어떻게 합의가 되든 일본에선 경제협력 자금이라고 부를 게 뻔했다. 그래서 '나는 우리 국회에 가서 보고할 때 청구권이라고 얘기할 거다. 당신이 당신 나라 국회에서 경제협력이라고 부르는 건 내가 어쩔 수 없는 일이다'고 얘기했다. 2년 반 뒤인 1965년 6월 22일 체결된 한일 협정에서 청구권에 관한 문서의 이름은 '재산 및 청구권에 관한 문제의 해결 및 경제협력에 관한 협정'으로 정리됐다. 양측의 이해가 함께 반영된 명칭인 셈이다."

식민지 지배의 불법성을 호소하며 배상을 요구한 한국 측과 식민지 지배의 불법성을 인정하지 않고 배상을 거부한 일본 정부와의 타협의 산물이 한일 청구권 협정이었다. 돈을 지급하는 이유와 성격을 애매하게 해 온 것에 대해 청구권 협정 체결 후 50년 이상 지난 지금 한국 사법이 정면으로 파고든 것이다.

다만 일본 정부도 청구권 협정으로 개인 청구권이 소멸

되었다고까지는 하지 않았다. 개인 청구권이란 이 경우 한국의 개인이 입은 손해에 대해서 일본인이나 일본 기업에 배상을 요구하는 권리이다. 이 '개인 청구권'에 대해 1991년 8월 27일 참의원 예산위원회에서 야나이 슌지(柳井俊二) 외무성 조약국장이 다음과 같이 답변했었다.

"이른바 한일 청구권 협정에 있어서 양국 간의 청구권 문제는 최종적이고 완전히 해결되었습니다. 그것이 의미하는 것은 일한 양국 간에 존재하고 있던 각각의 국민의 청구권을 포함해 해결했다는 것입니다만, 이는 일한 양국이 국가로서 갖고 있는 외교 보호권을 상호 포기했다는 것입니다. 따라서 이른바 개인의 청구권 자체를 국내법적인 의미로 소멸시켰다는 것이 아닙니다. 일한 양국 간에 정부로서 이를 외교 보호권의 행사로서 제기할 수 없다, 이런 뜻입니다."

외교 보호권이란 자국의 국민이 외국에서 불법적인 취급을 당한 경우 국가가 외교 절차에 의해서 자국민을 구제하는 권리를 말한다. 청구권 협정에서는 이 외교 보호권을 한일 양국이 서로 포기했다. 그러나 개인 청구권은 소멸하지 않았다는 것이다.

대법원 판결 후 2018년 11월 14일, 고노 다로 외무상은 중의원 외무위원회에서 한일 청구권 협정으로 개인 청구권은 소멸하지 않았다는 것을 인정했다. 그렇다면 개인 청구권은 인정하면서 피고 기업에 배상을 명한 대법원의 판결을 왜 강하게 비난하는가. 고노 외무상은 자신의 블로그에 이렇게 썼다.

"개인 청구권은 일한 청구권·경제협력 협정이나 국내법으로 소멸된 것은 아닙니다. 그러나 일한 청구권·경제협력 협정으로 일방체약국의 국민의 청구권에 근거한 청구에 응해야 하는 타방체약국 및 그 국민의 법률상의 의무가 소멸하여, 그 결과 구제는 거부됩니다. 즉, 이러한 청구권은 권리로서는 소멸되지는 않았지만 구제되는 일은 없게 되었습니다."

'개인의 청구권은 소멸하지 않지만 청구에 응할 의무가 소멸되었으니까 구제를 거부한다'고 하는 것 같다. 이 설명으로는 원고들은 도저히 납득 못 할 것이다.

한편 아베 총리는 2018년 11월 1일의 중의원 예산위원회에서 징용공 재판의 원고들에 대하여 "정부로서는 징용공이라는 표현이 아니라 '구 조선반도 출신 노동자의 문제'라고 말한다."라고 말했다. 신일철주금 재판의 원고들은 징용공이 아니라는 말이다. 아베 총리는 또 일제시대의 국민징용령에 따른 동원 형식으로서 '모집' '관 알선(행정에 의한 알선)' '징용'의 3가지가 있었다고 설명하면서 원고 4명은 이 중 '모집'에 응한 사람들이라고 설명했다.

이 재판의 원고들은 형식적으로는 징용이 아니라 모집으로 분류될지도 모른다. 그러나 판결에 적힌 당시의 동원 실태를 보면 단순한 모집이라고는 할 수 없다.

예를 들어 원고 4명 중 한 명은 구 일본제철이 1943년경 평양에 낸 오사카제철소의 공원 모집 광고를 보고 응모했다. 그 광고에는 2년간 훈련을 받으면 기술을 습득할 수 있고 훈련 종료 후에는 한반도의 제철소에 기술자로 취직

할 수 있다고 기재되어 있었다. 그러나 오사카에서의 노동 실태는 딴판이었다. 화로에 석탄을 넣고 깨뜨려 뒤섞거나 철 파이프 속으로 들어가서 석탄 찌꺼기를 제거하는 등 기술 습득과는 별 관계가 없는 매우 위험하고 고된 노역에 종사하였다. 또 외출은 한 달에 1, 2회 정도밖에 허락받지 못했다. 구 일본제철은 본인의 동의 없이 임금의 대부분을 일방적으로 저금하고 그 통장과 도장을 기숙사 사감이 보관했다. 도망가고 싶다고 말했다가 발각되어 기숙사 사감으로부터 구타를 당하기도 했다.

또 한 명의 원고는 1943년 1월경 군산부(지금의 군산시)의 지시를 받고 모집되어, 구 일본제철의 인솔자를 따라 일본으로 건너갔다. 도주하다가 발각되어 약 7일 동안 심한 구타를 당하며 식사를 제공받지 못하기도 했다. 노역에 종사하는 동안 임금을 전혀 지급받지 못했고, 일체의 휴가나 개인 행동을 허락받지 못했다.

위와 같이 판결에서 제시된 동원에 대해 이제 와서 징용이 아니라 모집이었다고 말하는 것에 무슨 의미가 있는 것일까. 동원된 한국인 노동자가 자신의 의지로 가혹한 노동에 종사했다는 인상을 주고 싶은 것일까. '징용공이 아니었다'고 하는 주장은 일본 정부가 위안부 문제에 대해 그동안 말해 온 '강제연행이 아니었다' '성노예가 아니었다'고 하는 주장과 흡사하다. 단어 바꾸기로 가혹한 동원 실태를 얼버무리려고 하는 것으로 보인다. 이런 주장을 하면 할수록 한국 국민의 눈에는 불성실하게 비치고 한일관계의 개선은 점점 멀어져 갈 것이다.

다만 일본 기업이 유사한 문제로 전 노동자와 화해한 사례도 있다. 예를 들면 제2차 세계대전 중 일본 니가타현으로 끌려가 가혹한 노동을 강요받았다며 중국인 전 노동자들과 유족들이 니시마쓰건설을 제소한 재판에서는 전 노동자가 패소했으나 2010년에 니시마쓰건설은 해결금으로 1억 2800만 엔을 내고 전 노동자 측과 화해했다. 니시마쓰건설은 강제노동의 책임을 인정하고 사과했으며 해결금은 전 노동자에 대한 보상과 위령비 건립 등에 쓰였다.

또 미쓰비시 머티리얼즈도 2016년에 많은 중국인 전 노동자와 화해했으며, 대형 건설사 가지마(鹿島)도 아키타현 하나오카 광산에서 일했던 중국인들과 2000년에 화해를 성립시켰다.

한국의 강제징용 문제도 일본 기업이 원고와 조기에 합의하고 일본 정부가 그 피고 기업들을 자금면에서 지원하는 방법이 있지 않을까. 일본 기업이 조선인 전 징용 노동자들이나 그 유족들과 적극적인 태도로 화해한다면 한일관계 개선에 크게 도움이 될 것이 틀림없다.

한국은 청구권 협정을 통해 일본에서 받은 경제협력 자금의 대부분을 경부고속도로와 포항종합제철소, 춘천의 소양강다목적댐 건설 등 기간산업에 쓰고, 개인에게는 일부의 강제동원 희생자 유족들에게 30만 원의 보상금을 지급했을 뿐이다. 이는 경제성장과 개발을 우선한 당시의 한국 정부의 선택이었다. 설령 그러한 선택을 한 것이 군사독재 정권이었다고 해도 책임은 현재의 한국 정부가 계승하고 있다. 개인의 보상 문제 해결에 대해서는 일본 기업과 일본 정부뿐만 아니라 한국 정부에도 큰 책임이 있다는 사실을 한국 정부는 한국 국민에게 제대로 설명해야 한다.

끝말

이 책에서 기술한 대로 위안부 문제에 대해 일본 정부는 몇 번 정도 해결을 시도했다. 그 중 최대의 사업이 1995년 출범한 아시아여성기금이다. 아시아여성기금이 한국에서 실시한 사업을 통해 60명의 피해자가 사과금을 받았다. 또한 그 사업을 이어받은 '팔로업 사업'도 10년 동안 이어졌으며 한국에서의 사업에 일본 정부는 1년에 약 9000만 원의 예산을 지출했다. 그리고 2015년 한일 합의에서는 46명의 생존자가 화해·치유재단을 통해서 치유금을 받았다. 나는 이러한 사업들이 다 의미가 없었다고는 생각하지 않는다. 다만 이러한 것들 모두 일본에 의한 정식 배상이나 보상이 아니기 때문에 많은 피해 당사자가 해결책으로 받아들이지 않은 것은 사실이다. 유엔을 비롯한 국제사회 역시 위안부 문제가 해결되었다고는 보고 있지 않다. 위안부 문제에 관해서 일본 정부는 국제적인 고립 상태에 있다.

또 그동안 일본 총리가 몇 번이나 공식 석상에서 사과의 말을 하고 있음에도 불구하고 피해자와 많은 한국인은 공식 사과를 받았다고는 인식하고 있지 않다. 그 큰 이유 중 하나는 이제까지의 '사죄'가 모두 피해자 할머니들과 직접 만나서 이뤄진 것이 아니기 때문이 아닐까? 이러한 엇갈림을 해소하기 위해 우선 일본 총리가 한국을 방문하여 직접 피해자와 면담하고 사과할 필요가 있다. 그것이 해결을 위한 첫걸음이며, 마지막 수단이다. 다만 위안부 문제를 오로지 한국과 일본의 정치적 외교적 대립의 문제로

만 파악하면 안된다. 취재에서 여러 사람들이 말해 준 대로, 위안부 문제는 본질적으로 성폭력 피해라는 보편적 인권 문제이다. 자신이 어느 나라 국민인지 또 어느 정당을 지지하고 있는지 그러한 입장을 떠나서 한 사람의 인간으로서 피해자의 말에 귀를 기울여 보면, 피해자 편에 서지 않는 선택이란 있을 수 없다. 그것은 자신이 그리고 자신의 가족이 만약에 같은 처지라면 어떨지를 상상해 보면 쉽게 알 수 있을 것이다.

내가 TBS텔레비전 '보도특집' PD로 있으면서 취재한 11명의 위안부 피해자 중 2020년 3월 3일 현재 5명이 돌아가셨다. 생존자가 한 사람도 없어진 뒤 총리가 사과하러 와도 아무런 의미도 없다. 남겨진 시간이 얼마 없다.

감사의 글

TBS텔레비전 PD로서 한 취재와 이 책의 집필에 대하여 많은 분들로부터 협력을 받았다.

무엇보다 피해 당사자 입장에서 필설로 다할 수 없는 괴로운 체험에 대해 이야기를 해 주신 박옥선 할머니(1927년생), 이옥선 할머니(1930년생), 강일출 할머니, 고 김경순 할머니, A할머니, 고 B할머니, 고 C할머니, 대만의 고 천타오(陳桃) 아마, 고 천롄화(陳蓮花) 아마께 진심으로 감사드린다.

또 나눔의 집의 취재에서는 안신권 관장, 김효정 간사 등 스태프 여러분으로부터도 긴 시간에 걸쳐 많은 협력을 받았다. 전 내각 관방 부장관인 사이토 쓰요시 씨에게는 민주당 노다 정권 시대의 귀중한 증언을 받았다. 우스키 게이코 씨에게는 아시아여성기금 팔로업 사업의 취재 협조뿐 아니라 과거의 귀중한 자료 제공 등 많은 협력을 받았다. 팔로업 사업 취재에서는 태평양전쟁 전남동부 유족회 김정임 회장, 하라다 신이치 씨, 가쓰야마 히로스케 씨, 김종환 씨에게 협력을 받았다. 대만의 위안부 취재에서는 장궈밍(莊國明) 변호사, 타이베이시 부녀구원 사회복지사업기금회의 캉슈화(康淑華) 집행장, 간쉬엔쉬엔(甘軒軒) 씨, 청징진(鄭靚勤) 씨 외 스태프 여러분으로부터 협력을 받았다. 내가 한국에 관한 취재를 본격적으로 시작하는 계기가 된 오키나와 '평화의 초석'에 대한 취재에서는 역사가 홍종필 교수에게 장기간에 걸쳐 전면적인 협력을 받았다. 그 외

이름을 모두 쓸 수 없지만, 취재에 협력을 해 주신 모든 분들에게 깊이 감사드린다.

또한 이 책을 쓰는데 구상 단계부터 오랜 기간에 걸쳐 많은 조언을 주신 박영미 씨에게 깊이 감사드린다.

이 책은 일본인인 저자가 한국어로 집필한 것인데, 나의 불완전한 한국어를 감수해 주신 최세경 씨에게 진심으로 감사드린다.

편집 후기

저자와 나의 첫 번째 만남은 2011년, 일본 유학시절 지인의 환송회에서였다. 방송국 PD로 주로 한국을 취재하고 있다는 저자는 깜짝 놀랄 만큼 한국어를 자유자재로 구사하였다. 그리고 두 번째 만남은 텔레비전이었다. 평양을 직접 현장 취재한 그 프로그램은, 내가 한국의 보도 프로그램에서 일찍이 본 적 없는 생생한 평양의 현재 모습을 전하고 있었다. 그 이후에도 사석에서, 텔레비전 보도 프로그램 속에서 저자를 보고 있으면, 현장 취재를 바탕으로 한 사실을 보도하고 또 그 사실을 기록으로 남기고자 하는 책임감이 느껴졌다. 저자는 2004년 오키나와전투 조선인 전몰자 유가족들을 취재한 것을 계기로 본격적으로 한국 취재에 뛰어들게 되었다고 한다. 내가 일본의 텔레비전에서 본 그의 보도만 해도 위안부 문제, 남북관계, 한국의 정치사회 등 실로 다양했다.

이 책은 저자의 방송국 기자로서의 취재를 축으로 쓴 위안부 문제의 이야기이다. 저자는 책 속에서 '가능한 한 직접 당사자의 목소리에 귀 기울이고 그것을 방송으로 알릴 것'을 보도의 원칙으로 한다고 하였다. 그리고 이 책의 출발점은 위안부 피해 당사자인 할머니들의 목소리에 바탕을 두고, 할머니들로부터의 메시지를 알리는 것과 기억 속에 저장해 두는 것이다. 인터뷰에서 생각해 내고 싶지 않은 과거의 기억을 기꺼이 풀어 놓는 할머니, 지금의 심정을 가감없이 말씀해 주는 할머니, 그 취재 과정에서 저자의 눈에 보인 것은 취재 대상으로서의 위안부 피해자가 아닌, 피가 통하는 한 사람의 인간으로서의 모습이었으리라.

나는 이 책 전체를 통해서 저자가 역설하는, 위안부 문제를 다루는 데에는 위안부 피해 당사자들의 존재를 최우선으로 생각하지 않으면 안된다는 '피해자 중심'에 깊이 공명한다.

그러나 나라 안팎으로 피해 당사자의 목소리를 외면한 채 심지어 사실이 아닌 것을 "그러그러했다"고 단정을 짓는 이들이 있다. 당시 전장에 있었던 병사들이 인정을 하고, 그것을 뒷받침하는 공문서가 존재하는데도 말이다. 무엇보다도 위안부 피해 당사자가 "피해를 당했다"고 증언한 사실이 이미 가장 큰 증거인데도 말이다.

더욱이 요즘 우리는 무관심보다도 무서운 무지, 망각보다도 무서운 폄훼를 목격하고 있다. 위안부 피해 할머니들에게 흠집을 내 위안부 문제의 돌파구로 삼으려고 하거나, 위안부 문제를 수많은 정치적 외교적 문제 중 하나로서 일반화하여 단지 정치 운동이나 연구의 소재 또는 대상으로 여기는 것은 위안부 문제의 본질이 인간 존엄에 있다는 것을 전혀 생각치 않은 것이라 할 수 있겠다. 우리가 감히 상상조차 할 수 없는 끝을 알 수 없는 지옥 같은 상황 속에서 삶의 의미를 잃지 않고 버티어 생환해 온 산증인들이다. 그들의 목소리에 귀를 닫는 것은 자신의 양심의 소리에 귀를 닫는 것이라는 사실을 알아야 한다. 그리고 위안부 추모비나 소녀상의 참된 의미는 시위가 아니라 다음 세대에 전하는 것에 있다. 이것을 알면 추모비나 소녀상에 대한 비난과 모욕도 멈추지 않을까.

빨리 끝을 보고 싶은 것은 가해자이다. 피해 당사자들에게는 끝나는 것이 아니다. 이것이 위안부 문제의 무거움이다. 어떻게 그 처참한 기억이 끝난다는 것인가.

이 책의 출판을 준비하는 과정에서 네 분의 할머님들이 돌아가셨다. 이것이 우리가 직시해야 할 현실이다. 저자가 거듭 말하고 있듯이 남겨진 시간이 얼마 없다.

나는 일본 유학시절부터 저자의 보도 프로그램을 줄곧 봐 왔다. 현장 취재는 물론 공문서까지 섭렵하여 위안부 문제의 실태를 알린 그의 치밀한 취재를 보며, 이런 것이 일본의 공중파 텔레비전에서 보도될 수 있음에 놀라고 동시에 그의 한국에 대한 애정에 감탄했다. 그러고 보니 내가 유학을 끝내고 귀국할 때 알게 된 사실이 있다. 저자의 조부가 소설가 나카지마 아쓰시라는 사실이었다. 그렇다, 일본의 고등학교 국어교과서에도 작품이 실려 있는 근대 일본의 소설가로, 조선에서 소년시절 5년간을 보내고 이 시기의 경험과 그 후에 쌓은 지식을 바탕으로 〈호랑이 사냥〉〈순사가 있는 풍경〉 등을 쓴 그 나카지마 아쓰시가 조부인 것이다. 대를 건너뛰어 이어지는 한국과의 인연이 그저 놀라울 뿐이다.

인용·참고 문헌

1 피해 당사자를 제쳐놓고 맺은 한일 합의
(한일 합의) 「朝日新聞」 2015년 12월 29일 도쿄판 조간 사설
(한일 합의) 「每日新聞」 2015년 12월 29일 도쿄판 조간 사설
(한일 합의) 「讀賣新聞」 2015년 12월 29일 도쿄판 조간 사설
(한일 합의) 「조선일보」 2015년 12월 29일 일본어 인터넷판 사설
(한일 합의) 「중앙일보」 2015년 12월 29일 일본어 인터넷판 사설
(한일 합의) 「한겨레」 2015년 12월 30일 인터넷판 사설
(한일 합의) JNN電話世論調査 2016년 1월 9일~10일
(한일 합의) 갤럽 여론조사 2016년 1월 5일~7일
(정권 지지율) 리얼미터 2014년 4월 21일~4월 25일, 2016년 10월 31일~11월 4일
(안보 투쟁) 『ザ·クロニクル 戰後日本の70年』 4、5 共同通信社 2014
(안보 투쟁) 保阪正康 『六〇年安保鬪爭の眞實』 中公文庫 2007
(안보 투쟁) 「每日新聞」 1960년 6월 16일、6월 19일
(문재인 대통령 기자 회견) YTN뉴스 2018년 1월 10일
(한일 합의) 「한·일 일본군 위안부 피해자 문제 합의(2015년 12월 28일) 검토 결과 보고서」 한·일 일본군 위안부 피해자 문제 합의 검토 태스크 포스 2017년 12월 27일
(한일 합의) 「조선일보」 2017년 12월 28일 인터넷판
(한일 합의) 「조선일보」 2018년 1월 9일 인터넷판
(한일 합의) 「한겨레」 2018년 9월 26일 인터넷판
(한일 합의) 「조선일보」 2018년 9월 27일 인터넷판
(한일 합의) 孫崎享 「公式文書すらない日韓合意、韓國の見直しを非難する安倍首相のほうが異常で非常識」 「Business Journal」 2018년 1월 15일

2 환영(幻影)이 된 또 하나의 한일 합의
(문전박대 사건) ＴＢＳテレビ「Ｎスタ」2012년 8월 23일
(이명박 대통령 발언) ＹＴＮ뉴스 2012년 8월 14일
(환영(幻影)이 된 또 하나의 한일 합의) 이명박 『대통령의 시간 2008-2013』 알에이치코리아 2015

3 내가 만난 위안부 할머니들
(위안부 모집) 和田春樹「政府發表文書にみる慰安所と慰安婦」女性のためのアジア平和國民基金 공식사이트
(위안부 모집)「内務省警保局通牒」1938년 2월 23일「政府調査 従軍慰安婦關係資料集成」1巻 龍渓書舎 1997
(위안부 모집)「政府調査 従軍慰安婦關係資料集成」5巻 龍渓書舎 1998

4 이상한 아사히신문 때리기
(요시다 세이지)「毎日新聞」1992년 8월 13일 도쿄판 조간
(요시다 세이지)「朝日新聞」1991년 5월 22일 오사카판 조간
(요시다 세이지) 秦郁彦『慰安婦と戦場の性』新潮選書 1999
(요시다 세이지) 吉見義明・川田文子『「従軍慰安婦」をめぐる３０のウソと眞實』大月書店 1997
(요시다 세이지)「週刊新潮」1997년 5월 2일・9일 합병호
(요시다 세이지)「朝日新聞」1997년 3월 31 도쿄판 조간
(요시다 세이지)「讀賣新聞」2014년 8월 28일 도쿄판 조간
(요시다 세이지)「産經新聞」1993년 9월 1일 오사카판 석간
(요시다 세이지) 産經新聞大阪本社人權問題取材班『人權考 心開くとき』解放出版社 1994
(요시다 세이지)「讀賣新聞」1992년 8월 15일 도쿄판 석간
(강제연행) ＴＢＳテレビ「報道特集」2015년 11월 28일 방송
(강제연행)「アジア太平洋戦争韓國人犠牲者補償請求訴訟」東京高裁判決 2003년 7월 22일 福岡縣辨護士會所属山本晴太辨護士のサイト「法律事務所の資料棚」2001년 7월 22일
(강제연행)「朝日新聞」2015년 6월 2일「慰安婦問題 識者と考える」

(강제연행) 東鄕和彦『歷史認識を問い直す』角川oneテーマ21 2013
(강제연행)「女子差別撤廢條約第7回及び第8回政府報告審査」(2016년 2월 16일 제네바)「질의응답 부분의 杉山 외무심의관 발언 개요」일본 외무성 공식사이트
(강제연행)「조선일보」2012년 9월 5일 인터넷판 오피니언
(쿠마라스와미 보고서)「女性に對する暴力 戰時における軍の性奴隷制度問題に關して、朝鮮民主主義人民共和國、大韓民國及び日本への訪問調査に基づく報告書」1996년 1월 4일 라디카·クマラスワミ(國連人權委員會特別報告者)女性のためのアジア平和國民基金 공식사이트
(쿠마라스와미 보고서)「朝日新聞」2018년 2월 9일 도쿄판 조간
(강제연행)「讀賣新聞」2015년 1월 29일 도쿄판 조간 사설
(강제연행) Human Rights Committee Concluding observations on the sixth periodic report of Japan 20 August 2014 http://www.ohchr.org
(유엔 자유권조약위원회)「中日新聞」2014년 7월 27일 조간
(유엔 자유권조약위원회) 反差別國際運動(ＩＭＡＤＲ)ウェブサイト「日本軍『慰安婦』に對する性奴隷慣行－自由權規約委員會、改めて嚴しく勸告 渡邊美奈」
(성노예) 阿部浩己「國際法における性奴隷制と『慰安婦』制度」季刊「戰爭責任硏究」제84호
(성노예) CEACR:Individual Observation concerning Convention No. 29, Forced Labour, 1930 Japan(ratification: 1932) Published: 1996
(우에무라 다카시 전 기자)「朝日新聞」1991년 8월 11일 오사카판 조간
(우에무라 다카시 전 기자)「朝日新聞」1991년 12월 25일 오사카판 조간
(우에무라 다카시 전 기자)「週刊文春」2014년 2월호
(우에무라 다카시 전 기자)「Ｗｉｌｌ」2014년 10월호 ワック
(우에무라 다카시 전 기자)「讀賣新聞」1991년 8월 14일 도쿄판 석간
(우에무라 다카시 전 기자) 植村隆『眞實 私は「捏造記者」ではない』岩波書店 2016
(고노 담화)「慰安婦關係調査結果發表に關する河野內閣官房長官談話」1993년 8월 4일 일본 외무성 공식사이트
(고노 담화)「慰安婦問題を巡る日韓間のやりとりの經緯 ～ 河野談話作成からアジア女性基金まで ～ 2014年6月20日 河野談話作成過程等に關する檢討チーム」일본 외무성 공식사이트

(고노 담화)「朝日新聞」2012년 9월 16일 도쿄판 석간
(고노 담화)「중앙일보」2014년 4월 26일 인터넷판
(위안부 추도비)「국민일보」2018년 8월 14일 인터넷판
(샌프란시스코 위안부 동상)「朝日新聞」2017년 11월 15일 도쿄판 석간
(샌프란시스코 위안부 동상)「衆議院本會議會議錄」2017년 11월 21일
(샌프란시스코 위안부 동상) 山口智美「慰安婦」像をめぐる歷史戰(前篇)——主戰場・アメリカ」「WEB世界」2018년 3월 13일
(사죄) 영화「아이 캔 스피크」감독 김현석 제작 영화사 시선 / 명필름 2017년
(사죄)「朝日新聞」1992년 1월 17일 도쿄판 석간
(사죄)「戰後５０年に向けての村山富市內閣総理大臣の談話」1994년 8월 31일「女性のためのアジア平和國民基金」공식사이트
(사죄) 村山 내각 총리대신에 의한「女性のためのアジア平和國民基金」발족 인사 1995년 7월 일본 외무성 공식사이트
(사죄) 日韓共同記者會見 1996년 6월 23일 수상관저 공식사이트
(사죄)「朝日新聞」2007년 4월 27일 도쿄판 석간
(사죄)「朝日新聞」2007년 4월 28일 도쿄판 석간
(사죄)「日本經濟新聞」2015년 12월 29일 조간
(사죄)「연합뉴스」2014년 6월 20일
(사죄) 女性のためのアジア平和國民基金 공식사이트
(사쿠라이 요시코 씨)「ジャーナリスト・櫻井よしこ氏が會見」「THE PAGE」2018년 11월 16일

5 위안부 문제와 관련 깊은 어느 일본 여성

(한일 청구권)『청구권자금백서』경제 기획원 1976
(핫키리회)「ハッキリ通信」창간호
(핫키리회) ＪＮＮ「ニュースの森」1991년 12월 6일 방송
(핫키리회)「ハッキリ通信」1991년 12월 12일 발행
(핫키리회)「ハッキリニュース」1995년 9월 12일 발행
(핫키리회)「연합 통신」1997년 7월 23일
(아시아여성기금)「デジタル記念館 慰安婦問題とアジア女性基金」女性のためのアジア平和國民基金 공식사이트

(팔로업 사업)「朝日新聞デジタル」2015년 10월 21일
(병사들의 증언) 從軍慰安婦110番編集委員會編 『從軍慰安婦110番』 明石書店 1992
(병사들의 증언)「げげげ通信」水木프로덕션 공식사이트
(병사들의 증언) 水木しげる『カランコロン漂泊記 ゲゲゲの先生大いに語る』 小学館 2000

6 청구권 문제는 정말로 '완전히 그리고 최종적으로' 해결된 것인가

(한일 협정)「財産及び請求權に關する問題の解決竝びに經濟協力に關する日本國と大韓民國との間の協定」1965년
(한일 협정) 日本共産党機關紙「しんぶん赤旗」 2013년 8월 7일
(한일 협정)「法律時報」1965년 9월호
(한일 협정)「조선일보」 2012년 8월 27일

7 대만의 위안부 피해자

(전 위안부의 인원수) 秦郁彦『慰安婦と戰場の性』新潮選書 1999
(전 위안부의 인원수) 吉見義明・川田文子『「從軍慰安婦」をめぐる30のウソと眞實』大月書店 1997
(대만의 위안부)「南方派遣渡航者ニ關スル件」臺電第九三五號 1942년 6월 13일 防衛省防衛研究所
(대만의 위안부) ＴＢＳニュース 1999년 7월 14일 방송
(대만의 위안부)「日本國政府と中華人民共和國政府の共同声明」1972년 9월 29일 일본 외무성 공식사이트
(대만의 위안부)「日本國と中華民國との間の平和條約」1951년 4월 28일 國立公文書館デジタルアーカイブ
(대만의 위안부) 紀錄片「蘆葦之歌」財團法人臺北市婦女救援社會福利事業基金會 2015년
(대만의 지원금)「讀賣新聞」2012년 3월 13일 도쿄판 조간
(여론조사) 公益財團法人日本臺灣交流協會「台灣における對日世論調查」2016년 1월 15일～2월 2일

(대만의 위안부)阿嬤家-和平與女性人權館 공식사이트
(대만의 위안부)「民視新聞臺」 2016년 1월 15일

8 공백의 비석
(미국 해병대)「仲里利信衆議院議員の質問に對する日本政府答辯書」 2016년 12월 16일
(트럼프 대통령 발언)「讀賣新聞」 2017년 8월 10일 도쿄판 조간
(오키나와 위령의 날) ＴＢＳテレビ「報道特集」 2018년 6월 30일 방송
(오키나와 위령의 날) 沖繩縣浦添市立港川中學校 3年 相良倫子「生きる」
(류큐 처분)「沖繩縣平和祈念資料館総合案内」 2001년
(미군에 의한 사건·사고)「琉球新報」 2016년 5월 20일
(구 후생성 명부)「今野東參議院議員の質問に對する政府答辯書」 2008년 6월 20일
(슈리성) 那覇市 공식홈페이지
(평화의 초석) 黒田福美『ソウルの達人 最新版』 講談社 2003
(창씨개명) 金英達『創氏改名の研究』 未来社 1997
(창씨개명) 宮田節子, 金英達, 梁泰昊『創氏改名』 明石書店 1996
(창씨개명)『金英達著作集Ⅰ 創氏改名の法制度と歴史』 明石書店 2002
(창씨개명)「京城彙報」 1940년 2월호
(창씨개명)「殖銀調査月報 第３０號」 朝鮮殖産銀行調査部 1940년 11월 발행
(창씨개명) 在日本大韓民國靑年會『아버지 聞かせて あの日のことを―"我々の歴史を取り戻す運動"報告書―』 1988
(평화의 초석)「沖繩タイムス プラス」 사설 2017년 6월 22일
(평화의 초석)『創氏名鑑』 朝鮮新報社 1941
(평화의 초석)「琉球新報」 2000년 3월 2일 조간
(오키나와의 위안부)『軍隊は女性を守らない 沖縄の日本軍慰安所と米軍の性暴力』 WAM女たちの戰争と平和資料館 2012

9 유엔도 비판한 한일 합의
(유엔 인종차별철폐위원회 권고)「讀賣新聞」 2018년 8월 31일 도쿄판 조간
(유엔 인종차별철폐위원회 권고)「中日新聞」 2018년 8월 31일 조간

(유엔 인종차별철폐위원회 권고)「時事通信」2018년 8월 30일
(유엔 인종차별철폐위원회 권고) Committee on the Elimination of Racial Discrimination
Concluding observations on the combined tenth and eleventh periodic reports of Japan "Comfort Women" 27-28 30 August 2018

10 징용공 판결은 부당 판결인가
(대법원 판결) 대법원 판결 2013다61381 손해배상(기)2018년 9월 30일
(대법원 판결) ＴＢＳニュース 2018년 10월 30일 방송
(대법원 판결) ＴＢＳニュース 2018년 11월 29일 방송
(시나 외무상 답변)「衆議院 日本國と大韓民國との間の條約及び協定等に關する特別委員會會議錄」1965년 10월 28일
(한일 청구권 협정) 김종필, 중앙일보 김종필 증언록팀『김종필 증언록』와이즈베리 2016
(시나 외무상 답변)「參議院豫算委員會會議錄」1991년 8월 27일
(외교 보호권)『圖解による法律用語辭典』自由國民社 2011
(고노 외무상 답변)「衆議院外務委員會會議錄」2018년 11월 14일
(고노 외무상 블로그) 日韓請求權·經濟協力協定 衆議院議員河野太郎 블로그「ごまめの歯ぎしり」2018년 11월 21일
(대법원 판결)「衆議院豫算委員會會議錄」2018년 11월 1일

찾아보기

ㄱ

가사이 아키라(笠井亮) 133
가와타 후미코(川田文子) 60
가와무라 다케오(河村建夫) 125
강경화 26~27
강일출 할머니 52~55, 66
게이 맥두걸(Gay J. McDougall) 77
고노 담화 25, 82~86
교토 한일 정상 회담 35~38
구 일본군 재적 조선 출신 사망자 연명부 180
군인 이력 원표 180
기시다 후미오(岸田文雄) 12
김경순 할머니 100~102
김정분 할머니 56
김종필 - 오히라 회담 235
김학순 할머니 78~79, 107
기지·군대를 용서하지 않는 행동하는 여자들의 모임 224

ㄴ

나눔의 집 44, 55
노다 요시히코(野田佳彦) 33, 36~37

ㄷ

다나카 가쿠에이(田中角榮) 146
도고 가즈히코(東郷和彦) 69~70

ㄹ

라디카 쿠마라스와미 (Radhika Coomaraswamy) 보고서 72~73
루만메이(盧滿妹) 아마 148

ㅁ

마고사키 우케루(孫崎享) 29~31
무라야마 도미이치(村山富市) 50, 91, 156
문옥주 할머니 108
문재인 21~22, 27
미일 신안전보장 조약 18~19
미즈키 시게루(水木しげる) 130~131

ㅂ

박옥선 할머니 44~46
박복순 할머니 118~119
부인·아동의 매매 금지에 관한 국제조약 47
분쟁의 해결에 관한 교환 공문 134~135
뿌리 찾기 범국민계몽회 207

ㅅ

사과의 편지 93
사쿠라이 요시코(櫻井よしこ)
　　　　　　　79, 95~97
사이토 쓰요시(齋藤勁)
　　　　　　　35, 38~42
송신도 할머니 77
스가 요시히데(菅義偉) 88, 229
스기야마 신스케(杉山晋輔) 71
시나 에쓰사부로(椎名悦三郎)
　　　　　　　134, 234

ㅇ

아마의 집 – 평화와 여성 인권관
　　　　　　　149~151
아베 고키(阿部浩己) 75
아베 신조(安倍晋三)
　　　　　　　23, 62, 86, 237
액티브 뮤지엄 여성들의 전쟁과
평화자료관(WAM) 74, 224
여성을 위한 아시아평화국민기금
50, 108~114, 122~124, 156~157
오나가 다케시(翁長雄志)
　　　　　　　166, 170
오와다 히사시(小和田恆)
　　　　　　　134~135
오키나와전 조선인 전몰자 명부
　　　　　　　180
오타 마사히데(大田昌秀)
　　　　　　　179, 182
와다 하루키(和田春樹) 156

와타나베 미나(渡邊美奈) 74
요시다 세이지(吉田淸治) 58~64
요코미치 세쓰오(橫路節雄) 234
요시미 요시아키(吉見義明)
　　　　　　　60, 142
우스키 게이코(臼杵敬子) 98~128
우시우메이(吳秀妹) 아마 148
우에무라 다카시(植村隆)
　　　　　　　78~81, 95~97
유수 명부(留守名簿) 180
유엔 인종차별철폐위원회
　　　　　　　228~229
유엔 자유권규약위원회 74
윤병세 12
위안부 문제를 생각하는 모임(일본)
　　　　　　　128
위안부TF 22~26
이나미네 게이치(稻嶺惠一) 194
이명박 32~38
이옥선 할머니 15, 46~52, 65
이용수 할머니 15, 89
일중 공동 성명 146
일화 평화 조약 146

ㅈ

존케 마조디나
(Zonke Zanele Majodina) 74
종군 위안부 110번 128~129
중의원 해산 40

ㅊ

〈창씨개명의 연구〉　　187, 189
〈創氏名鑑(창씨명감)〉　211~212
천렌화(陳蓮花) 아마　158~163
천타오(陳桃) 아마
　　　　139~141, 144~145
타이베이시 부녀구원 사회복리사
업기금회　　　139, 147~156
태평양전쟁희생자유족회
　　　　　　　113, 204~207

ㅍ

팔로업 사업
　98~103, 114~117, 125~126

ㅎ

하시모토 류타로(橋本龍太郎)　92
하타 이쿠히코(秦郁彦)　59, 142
한국정신대문제대책협의회
　　　　　　　　　78, 112
한일 합의　　12~16, 20~29
한일 청구권 및 경제협력 협정
　　　22, 104, 132~135, 233
핫키리회　　　　　106, 128
홍종필　　179~186, 193~223
화해·치유재단　　16, 27~28

일본인 PD가 본 위안부 문제
지워지지 않는,
　　　　　기억

초판 1쇄 인쇄일 2020년 9월 28일　초판 1쇄 발행일 2020년 10월 6일

지은이 나카지마 가제 | **한국어 감수** 최세경
펴낸이 최세경 | **편집** 최세경 | **디자인** 김자영
펴낸곳 3월의나무 | **주소** 서울시 서초구 강남대로 107길 21 대능빌딩 2층
팩스 02-6499-6189
이메일 treesin3@outlook.com
출판등록 제2016-000062호
인쇄·제본 금호씨앤디피
ISBN 979-11-971423-3-8　03340

★ 사전 동의 없는 무단 전재 및 복제를 금합니다.
★ 이 도서의 국립중앙도서관 출판예정도서목록(CIP)은 서지정보유통지원시스템 홈페이지
　(http://seoji.nl.go.kr)와 국가자료종합목록 구축시스템(http://kolis-net.nl.go.kr)에서
　이용하실 수 있습니다. (CIP제어번호: CIP2020036950)

★ 책값은 뒤표지에 있습니다.
　잘못된 책은 구입한 곳에서 바꿔 드립니다.